事例からみた
水害リスクの減災力

Suetugi Tadashi
末次忠司〈著〉

鹿島出版会

はじめに

　これまでに発生した水害を回顧すると、洪水に伴う破堤により大きな被害となった事例があったし、水害に対して脆弱な構造・体制が被害を助長した事例もあった。しかし、有効な対応策を講じたことにより、被害を最小限に留めた事例も見受けられた。そこで、過去の水害事例をもう一度見直し、対応策について精査した。すなわち、よく研究で行われる計算による解析や予測ではなく、これまでの実態論に基づいた教訓としての対応策（リスク対応力）について整理・分析したのである。この対応策は危機回避のためのノウハウでもある。減災に有効な対応策はもちろんのこと、うまくいかなかった対応策についても分析して、今後の教訓とした。なお、事例は水害を中心に記述しているが、土砂・地震災害などでとられた対応事例を参考にしているものもある。

　一方、災害対応の視点としては、本書では図-1 に示したような対応策の検討を通じて得られた減災に効果的なリスク対応力を提案したり、シチュ

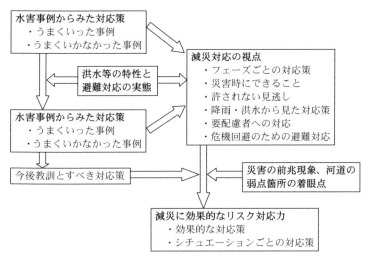

図-1　本書での検討の流れ

エーションごとの対応策(住民、行政機関)を提案することを目的としている。あわせて、災害対応に関連する災害の前兆現象や河道の弱点箇所に関する着眼点についても示した。図中の太字は各章のタイトルを表している。

平成 28 年 8 月

末次忠司

目　次

はじめに ………………………………………………………………… *3*

第*1*章　水害の概要
歴史的な大水害を回顧する ………………………………………… *7*
近年発生した水害を回顧する ……………………………………… *9*

第*2*章　洪水等の特性と避難対応の実態
洪水等の特性 ……………………………………………………… *13*
避難対応の実態 …………………………………………………… *17*

第*3*章　水害事例からみた対応策
ハード対策 ………………………………………………………… *24*
ソフト対策（事前） ……………………………………………… *32*
ソフト対策（洪水・災害発生時） ……………………………… *36*
ソフト対策（避難） ……………………………………………… *46*

第*4*章　減災対応の視点
豪雨、内水、洪水、破堤、氾濫拡大、復旧、復興など、それぞれの
　フェーズに対して、国・県・市が対応策を考える ………… *59*
平常時にできないことは、災害時にはもっとできない ……… *64*
空振りは許されても、見逃しは許されない …………………… *65*
雨の降り方や洪水の出方を見ながら対応策を考える ………… *67*
高齢者・乳幼児・外国人への対応を考える …………………… *74*
危機回避に直結する避難対応について考える ………………… *75*

第5章　災害の前兆現象、河道の弱点箇所の着眼点
　災害の前兆現象 ……………………………………………… 79
　河川災害を引き起こす河道の弱点箇所 …………………… 80

第6章　減災に効果的なリスク対応力
　効果的な対応策 ……………………………………………… 89
　シチュエーションごとの対応策 …………………………… 96
　減災に活用できる新技術 …………………………………… 100

おわりに ………………………………………………………… 105

付録Ⅰ　都道府県ごとに見た水害被害状況 ………………… 107
付録Ⅱ　都道府県ごとに見た水害関連の指標 ……………… 113
付録Ⅲ　減災に関係する事例集リスト ……………………… 115

第1章
水害の概要

● 歴史的な大水害を回顧する

　20世紀には死者・行方不明者数が1,000名を超える水害が9回発生したが、伊勢湾台風（昭和34年9月）以降は発生していない。戦後発生した水害のうち、被災規模が大きな水害を対象に、その特徴を表す概要を**表1-1**に整理した。死者・行方不明者、被災家屋棟ともに伊勢湾台風が最も多いが、終戦直後に発生した枕崎台風（昭和20年）でも約4,000名が犠牲となった。特に伊勢湾台風は河川氾濫だけでなく、高潮と高潮により運ばれた貯木による被害が大きかった。犠牲者の約9割が伊勢湾沿岸で発生したと言われている。また、カスリーン台風（昭和22年）では明治43年6月の水害のように関東の広範囲で被害が発生し、昭和28年の梅雨前線豪雨では歴代1位の水害被害額を記録した（第4章の**表4-3**に勢力が強い台風の一覧表を示している）。なお、各被災状況の第2位の被災家屋棟数は長良川が破堤した台風17号（昭和51年9月）の539,838棟、全壊・流失棟数はルース台風（昭和26年10月）の24,716棟である。日本では現在台風に数字の番号がつけられているが、終戦直後から昭和28年の初めまで、米国により英語名（女性名）がつけられていた。カスリーン台風、ジェーン台風、ルース台風などがそうである。

表1-1 大規模な水害の被害概要

水害名	死者・行方不明者数 被災家屋棟数 全壊・流失棟数	水害被害の概要
昭和20年9月 枕崎台風：台風16号	3,746名② 446,897棟 ―	・最低気圧が916hPaで、40m/sの風速を観測した。 ・豪雨（岡山・津山で265mm）により、広島地方を中心に関東地方以西で大きな被害。 ・特に呉市のがけ崩れ・土石流で、1,156名死亡。 ・戦後の報道規制により、詳細は国民に知らされなかった。
昭和22年9月 カスリーン台風：台風9号	1,930名③ 394,041棟 9,298棟⑤	・20m/s程度の風速を観測した。 ・雨台風（埼玉・秩父で611mm）により、関東・東北地方で土石流・氾濫被害多数。 ・特に群馬県赤城山の山津波で592名が死亡、利根川が埼玉県東村で破堤し、14.5万戸が浸水。 ・荒川、渡良瀬川、那珂川でも破堤災害が発生。
昭和28年6月 梅雨前線豪雨	1,013名 472,013棟 5,699棟	・九州北部全域で500mm以上の豪雨（大分で719mm）となり、筑後川・白川・菊池川などで、甚大な被害が発生。 ・和歌山の南紀豪雨（昭和28年7月）などとあわせて、歴代1位の年間水害被害額(2.9兆円：平成17年価格)となった。 ・特に筑後川の直轄区間だけで、26ヵ所で破堤。
昭和33年9月 狩野川台風：台風22号	1,269名⑤ 526,000棟③ 2,118棟	・最低気圧が956hPaで、29m/sの風速（横浜）を観測した。 ・豪雨（静岡・伊東で355mm）により、伊豆半島・関東南部で被害が発生。 ・特に伊豆半島の狩野川が各所で破堤。 ・東京の台地が被災し、「山の手水害」とも言われた。
昭和34年9月 伊勢湾台風：台風15号 （**写真1-1**）	5,098名① 557,501棟① 40,838棟①	・最低気圧が929hPaで、45.4m/sの風速（伊良湖）を観測した。 ・豪雨（津で404mm）により発生した洪水と高潮により、愛知・三重県を中心に被害が発生。 ・特に潮位の高い高潮（干満の潮位を除いた偏差3.45m：伊勢湾）(注)により運ばれた貯木が家屋を破壊し、多数の家屋が被災した。 ・伊勢湾沿岸で約9割の犠牲者が生じた。 ・室戸台風、枕崎台風とともに、昭和三大台風と呼ばれる。

被災状況の欄の丸中数字は戦後の被害順位（①は戦後第1位の被害であることを表している）。

注) 昭和9年9月の室戸台風で2.9m：大阪湾、昭和25年9月のジェーン台風で2.4m：大阪湾の偏差が観測された。

出典) 末次忠司：氾濫原管理のための氾濫解析手法の精度向上と応用に関する研究、九州大学学位論文、1998年に加筆・修正した。

写真 1-1　伊勢湾台風による被災状況 (写真提供：中日新聞社)

● 近年発生した水害を回顧する

　過去約 20 年間で発生した水害のなかで、特徴的な水害、被災規模の大きな水害、対応策を検討するにあたって参考となる水害を対象に、その概要と水害から得られた課題を表 1-2 に示す。共通する課題がみられるものもある。なお、課題のなかで、堤防高（不陸）とは部分的に堤防高が低い区間から越水したことを表している。

　近年の水害では、水害被害額が多かった東海豪雨（平成 12 年）や、91 名がなくなった台風 23 号（平成 16 年）などが発生したが、福岡（平成 15 年）・神戸（平成 20 年）・岡崎（平成 20 年）などの集中豪雨に伴う都市水害が顕著であった。また、玄倉川（平成 11 年）や佐用町（平成 21 年）のように、いくつかの条件が重なって被害が発生した事例がみられた。兵庫県・佐用町では平成 22 年 8 月に町が提訴され、佐用川には「避難判断水位」超過情報が出されたが、幕山川には出されなかったという情報提供の課題が出された。すなわち、犠牲者となった団地住民が自主避難を開始した（20 時過ぎ）のは、幕山川で避難判断水位を超えた時刻（19 時 58 分）を過ぎてからであった。これに対して、神戸地裁姫路支部は「河道水位からの危険予測は困難」であるとして、原告 9 名が敗訴した（平成 25 年 5 月）。

表1-2　近年発生した水害の概要と課題

水害名	水害被害の概要	課題
平成11年8月14日 玄倉川のキャンパー水難事故：神奈川県山北町	洪水の発生に伴うダム放流のため、酒匂川支川・玄倉川の河原でキャンプしていた人に、県や警察が再三避難を呼びかけたが応じず、避難しなかった18人が濁流中に立ちつくし、その後流れにのみこまれて、13人が死亡した。	・誤解される気象情報 ・避難呼び掛けへの対応 ・自己責任 ・レジャー時の行動心理
平成12年9月11～12日 東海豪雨災害：名古屋市	名古屋で458mm/12hの豪雨を記録し、庄内川支川新川の破堤（破堤幅100m）などにより、広範囲が浸水した。多数の地下施設、ライフライン施設等が被災し、過去最高の一般資産等水害被害額[1]（約7千億円）となった。	・都市水害への対応 ・地下施設の防災対策 ・ライフライン対策 ・ポンプ排水
平成15年7月19日 福岡地下水害：福岡市 (写真1-2)	御笠川等からの越水により、周囲より標高の低い博多駅は1m浸水し、駅周辺の691軒が床上浸水した。市営地下鉄構内には平成11年6月の10倍の1万m³の水が流入し、331本が運休した。	・浸水しやすい地形特性 ・下水道等の排水能力の強化 ・地下施設の防災対策 ・内水氾濫と外水氾濫
平成16年7月12～13日 五十嵐川の水害：新潟県三条市	200～400mmの豪雨により、信濃川支川五十嵐川が破堤（破堤幅117m）し、9人が死亡、5,282棟が全半壊した。刈谷田川の本支川では、ほぼ同時期に5カ所で破堤災害が発生した。	・堤防高（不陸） ・避難勧告・指示の発令基準 ・越水に弱い堤防状況
平成16年10月20～21日 円山川水害：兵庫県豊岡市	平成16年は10個の台風が上陸したが、この台風23号が最も被災規模が大きかった（死者91名、被災家屋7.4万棟）。軟弱地盤で堤防沈下が進行していた円山川と支川出石川で破堤（破堤幅150m、100m）し、12km²が浸水した。	・複雑な破堤原因 ・堤防高（不陸） ・堤防沈下への対応 ・避難所の浸水
平成20年7月28日 都賀川における事故：神戸市	約2分間で1m以上も水位上昇した段波により、河道内の遊歩道にいた児童や工事関係者16人が流され、5人が死亡した。段波状洪水は豪雨（24mm/10分：鶴甲）、急勾配河道、雨水幹線からの流出により発生した。	・迅速な洪水情報の提供 ・河道・洪水特性に応じた対応策 ・洪水危険性の周知
平成20年8月28～29日 平成20年8月末豪雨（伊賀川水害）：愛知県岡崎市 (写真3-4)	146.5mm/hの豪雨に伴う洪水により、伊賀川の狭窄区間上流で水位が堰上がり、堤防が低い区間で越水した。丘陵地と堤防に囲まれた窪地で3m浸水して1名死亡した。	・河道改修 ・浸水しやすい地形条件 ・情報伝達
平成21年8月9～10日 兵庫県佐用町の水害	台風9号（89mm/h）に伴う洪水により避難途中の11人が、千種川支川・幕山川3カ所からの氾濫が集中した流れにより道路沿いの農業用水路に流され、9人が死亡した。	・中小河川の洪水情報提供 ・洪水情報の提供 ・地形と氾濫との関係 ・安全な避難路 ・避難の判断
平成27年9月9～10日 鬼怒川水害：茨城県常総市 (写真1-3)	鬼怒川流域の豪雨（317mm/48h：栃木・小山）に対して、大雨特別警報が出されたが、常総市から鬼怒川の破堤箇所近くの住民に避難指示は出されたが、緊急速報メールも活用されなかった。氾濫により、2名が犠牲となった。	・堤防高（不陸） ・災害・避難情報の伝達 ・避難勧告・指示の発令基準 ・市外への避難

注）「一般資産等水害被害額＝水害被害額－（公共土木施設被害額＋公益事業等被害額）」で定義され、一般家庭や事業所に関する被害額である。
出典　末次忠司：水害から治水を考える、技報堂出版、2016年に加筆・修正した。

写真 1-2　福岡市営地下鉄・博多駅への浸水流入状況
出典）　国土交通省九州地方整備局資料

平成 11 年 6 月の水害後に防水板等の十分な浸水対策がとられずに、平成 15 年 7 月に再度災害が発生した。

写真 1-3　鬼怒川破堤箇所近くの家屋被害

破堤箇所近くでは、氾濫流により家屋が流失し、基礎の流失により倒壊災害が生じた。

第 2 章

洪水等の特性と避難対応の実態

● 洪水等の特性

　洪水被害への対応を考えるとき、豪雨・流出・洪水・氾濫特性を十分把握しておく必要がある。また、同じ氾濫であっても、地域の水害に対する脆弱性は異なるので、その特性の把握も必要である。代表的な洪水・氾濫特性等を列挙すると、以下のとおりである。なお、洪水位上昇要因は多数あるため、洪水特性とは区別して記述している。

　豪雨特性に示したように、流域特性により時間雨量が関係する場合と、総雨量が関係する場合がある。台風や梅雨前線による豪雨も、地域性や時期が影響している。特に台風は台風の目に注目しがちであるが、目が到達する前から、降雨は始まるので、先行降雨に注意しておく。洪水特性では、都市域や小河川ほど、洪水が速く発生するので、早めの対応が必要であり、大河川を対象とした避難命令が出される頃には、小河川では被災が始まっている場合もある。様々な洪水位上昇要因があるが、影響が大きいのは狭窄部、砂州、樹林である。樹林は戦後砂防用に山林に植樹された外来種が下流へ拡大したことが影響している。また、氾濫特性としては、場所ごとの速度（伝播、上昇）に着目するとともに、地形による氾濫の違いについても理解しておく必要がある。地域の脆弱性には地形、都市形成が大きく影響している。

豪雨特性
・流域面積が広いほど、時間の長い降雨が関係する。大きな水害は総雨量よりも時間雨量の影響が大きい（大雨警報が一つの指標となる）。
・同じ総雨量であれば、降雨波形が尖鋭なほど、氾濫を起こしやすい。
・大洪水の発生回数で見ると、地域性があり、梅雨前線は西九州、それ以

外の地域は台風による洪水が多い。都市部では局地的集中豪雨も多い。
- <u>台風性豪雨は本体の豪雨が発生する前に、先行的な降雨があるので長時間に及ぶ</u>。南または南東斜面の降雨量が多くなる。
- 梅雨前線は上空に入ってきた冷気により活発となり、梅雨末期（7月中旬～下旬）に集中豪雨が発生することが多い。

流出・洪水特性
- 都市域ほど、地表面がコンクリートやアスファルトで被覆されているため、流出速度が速く、雨水流出量が多い。
- <u>都市内の小河川ほど、洪水の上昇速度は速く</u>（2m/10分以上の場合もある）、洪水波形がシャープである：かなり早い段階で避難命令を出す必要がある。
- 小河川ほど、洪水の発生は速い：大河川の洪水情報が出ている段階で、小河川は被害が発生している場合もある。
- 河道は合流しながら流下するので、洪水流量は下流へ行くほど大きくなり、洪水波形はゆるやか（扁平）になる：下流ほど川幅が広く、河床勾配が緩くなるからである。
- 排水先の河道水位が高くなると、合流河川の流下能力が低下する（支川から越水する）。
- 洪水波が下流へ伝播する速度は、洪水流速の1.5～1.7倍である（クライツ・セドンの法則）。

洪水位上昇要因
- 山腹崩壊などの土砂崩落や土石流が起きると、河道に土砂・流木が出てきて、洪水位が上昇する：<u>崩壊土砂量が多いと河道が閉塞される</u>場合がある、また流木で橋梁が閉塞される場合もある（**写真2-1**）。
- 狭窄部の上流、合流点などで水位が上昇する：盆地下流や三川合流点などは要注意である。
- 河道内に砂州や樹林が多いと、水位が上昇したり、洪水の流向が変化する：<u>中小洪水でも偏流による侵食がある</u>（河道スケールの交互砂州（**写真2-2**）と、規模の大きな砂州の2種類がある）。
- 橋脚があると、急流河川（射流）では大きく水位上昇するが、影響範囲は長くない。緩流河川（常流）では水位上昇量は大きくないが、上流の

長い区間に影響する。
・合流河川の洪水ピークが一致すると、大きな洪水となる。

写真 2-1　流木による橋梁閉塞（武庫川支川奥山川）
出典）　国土交通省ホームページ

写真 2-2　偏流による侵食（釜無川）

出典）　中野勝文：富士川の河道特性から見た浸食箇所の予測、平成 25 年度スキル
　　　アップセミナー関東、2013 年

以前は複列砂州が多かったが、砂州の単列化に伴って、中小洪水の偏流による侵食が平成 15 年 8 月、平成 23 年 9 月などに発生した。写真の平成 23 年 9 月洪水での偏流角は 26 度であった。

氾濫特性

- 氾濫水の伝播速度は、緩勾配の沖積平野では破堤箇所近くで 14km/h 程度（鬼怒川）、数百 m 離れると 5km/h、数 km 離れると 1km/h 程度である。ただし、扇状地河川の流域は急勾配なので、数 km 離れても 3～5km/h と速い。
- 氾濫流はデルタ（三角州）では拡散して拡がるが、急勾配の扇状地では一定の幅でやや直線的に流下する。小河川や水路があると、氾濫水が流入して、下流で氾濫流（主流）より先行的に氾濫する。
- 局所的には特に市街地において、氾濫水は障害物が少ない道路へ流れるため、「道路が川のようになる」ことがあり、道路を通じて氾濫水が拡散する。
- 氾濫水の上昇速度は一般に 10～20cm/10 分であるが、破堤箇所近くでは瞬時に 50～70cm 上昇し、その後 20～40cm/10 分の速度で上昇する。
- <u>盆地や谷底平野では、氾濫水の水深、流速とも大きくなり、建物に大きな被害を及ぼす危険性がある</u>：建物の流失・損壊は［流速^2×水深］により決まる。
- 氾濫流の横断方向に、堤防や道路・鉄道盛土があると、氾濫水が一旦滞留し、越流してから再度氾濫・流下する。したがって、盛土上流では浸水深が上昇しやすい。
- 沼地や堤防などに囲まれた閉鎖性流域では、浸水が長時間に及ぶ場合がある：相対的に標高が低い水田などでは長くて 1～2 週間浸水する。

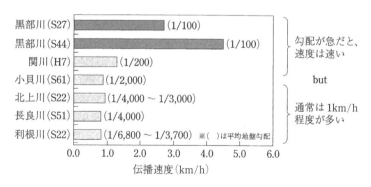

図 2-1　氾濫水の伝播速度

被災を受けやすい脆弱性
・標高が低い地域に人口・産業・資産が集積している箇所。
・地盤の隆起にとり残され、標高が相対的に低くなった地域：宮城県北部など。
・遊水地（域）に居住している地域：本来は居住してはならない地域。
・電力・ガス・水道・電気通信などのライフライン施設が標高の低い所に設置されている箇所。
・軟弱地盤地帯で堤防が沈下している区間（盛土しても堤防高が高くならない）。
・堤防の川裏が急勾配で植生がない、または天端が舗装されていないため、越水に弱い堤防区間。
・堤防等の盛土や台地に囲まれた閉鎖性流域。

● 避難対応の実態

　避難に関する代表的な対応の実態を列挙すると、以下のとおりである。第4章「減災対応の視点」で記述しているように、避難行動に至るまでには様々な感情の紆余曲折があり、単純ではない。豪雨・洪水・氾濫情報や避難所へ行くまでのプロセスを考慮して、避難するかどうかを判断する必要がある。特に低平地に居住している人は指定避難所も浸水するかもしれないので、注意が必要である。避難所である体育館などの床高が高い場合はよいが、周辺道路と高さがあまり変わらない場合は、浸水する危険性が高い。

避難の実態
・水害時の避難率は13〜36％と低い。
・市町村による避難勧告・指示の発令をきっかけとして、避難する人が多い（逆に言うと、避難勧告・指示の発令がないと避難しない）。一方、避難しなかった理由は、「避難が必要なほどの水害ではないと思った」が多かった（第4章の「危機回避に直結する避難対応について考える」で詳述している）。
・避難に要する時間（避難命令〜避難所に到着するまでの時間）は1〜2時間で、そのうちかなりの時間を家財の移動に使っている人がいる。

- 成人男性で浸水深が 50cm 以上になると、水中歩行の危険を感じるようになる。女性や子供の場合は更に低い浸水深で避難が困難となる。
- 浸水中の成人男性の歩行速度は、50cm 以下の浸水深で 1.6km/h、50～100cm の浸水深で 1.1km/h である。なお、浸水中の歩行距離が長くなると、速度は低減する[注]。
- 車で避難して、途中で浸水や渋滞により、車を放置して避難せざるをえないケースが見られる。放置する時、車のキーをはずす人が多いため、更に渋滞を引き起こすことになる。
- 土砂災害の危険がある地域では、山沿いの道路を使って避難したために、被災した人もいる。

参考文献
＊吉本俊裕・末次忠司・桐生祝男：水害時の避難体制の強化に関する検討、土木研究所資料、第 2565 号、1988 年

避難実態から見た注意事項

- 浸水深が 50cm 以上になると避難は危険であるので、2 階以上か、近隣の親戚・知人宅に避難する。ただし、大河川が破堤した場合は安全な指定避難所へ避難する。
- 浸水中の歩行では足は水の流れの影響だけでなく、浮力の影響を受けるため、足の動きや着地が不安定となり、転倒することがある。
- 避難は複数の人がロープで連絡して、探り棒で水路やマンホールの穴がないかどうかを確認しながら、歩いていく〔平成 7 年 7 月、平成 10 年 8 月の新潟水害で、水路に落ちた（または水路に落ちそうになった）避難者は約 2 割いた＊〕。
- 高齢者を背中におぶって避難する人がいるが、危険な行為である。また、避難時ははだしや長靴ではなく、スニーカーなどの動きやすい靴で避難する。
- 低地では指定避難所であっても浸水することがあるため、再避難しなければならない場合がある：例えば、円山川（まるやま）流域（平成 16 年 10 月）では、90 避難所のうち、約半数の 43 避難所が浸水したし、新潟県三条市（平

注）水中歩行実験では荷物なしの 600m 歩行で 4～12％、荷物ありの 400m 歩行で 7～16％速度が低減した。

成 16 年 7 月）では 53 避難所のうち、23 避難所が浸水した[注]。
・豪雨時には視界が悪いこともあって、局所的に浸水するアンダーパスなどに車が突入する危険性があるので、注意する。

参考文献
＊栗城稔・末次忠司・海野仁ほか：関川水害時の避難行動分析、土木研究所資料、第 3536 号、1998 年ほか

注）国土技術政策総合研究所水害研究室調査

第*3*章

水害事例からみた対応策

　過去の水害事例のなかで、21項目に関して、被害軽減に効果があった対応策（◎）、教訓の観点で、うまくいかなかった対応策（×）をハード対策、ソフト対策（事前対策、洪水・災害発生時、避難）に分けて、その概要を表3-1に示した。文中に示した「今後教訓とすべき対応策」は単なる対応策ではなく、危機回避のためのノウハウでもある。複数の項目に関係しているものもあり、事例は延べ65事例である。平成27年9月の関東・東北豪雨災害の常総市（鬼怒川水害）に関しても、5事例を掲載している。

　なお、本章では記述していないが、消防庁がまとめた「現在までに語り継がれる災害[注1)]」があり、計885事例、うち水害（津波・高潮災害、土砂災害を除く）が356事例網羅され、事例によっては災害の教訓が示されている。また、内閣官房では国土強靱化に関する取組を公募し、応募結果のうちの241事例を取りまとめて、「国土強靱化　民間の取組事例集[注2)]」を作成した（平成27年6月）。事例集には非常用電源・燃料等の確保、施設のバックアップ体制、復旧・復興支援などの事例が網羅されている。

表 3-1　水害事例における対応策の概要

区　分	項　目	対　応　策　の　概　要
ハード対策	ダムによる洪水調節	◎発電ダムを活用した洪水調節により水位低下（千曲川） ×ダム放流後、樋門を閉めずに退避したため、逆流して浸水した（沙流川）
	ブロック等の備蓄	◎多数のブロック等の備蓄は、減災にとって有効となる（天竜川ほか） ×破堤箇所締切りのためのブロック不足により、海岸ブロックを活用した。また、ブロックを運搬するダンプにより、渋滞が発生した（小貝川）

注1) http://www.fdma.go.jp/html/life/saigai_densyo/01.pdf （2016.4.20 閲覧）
注2) http://www.cas.go.jp/jp/seisaku/kokudo_kyoujinka/minkan_torikumi/ （2016.4.21 閲覧）

	氾濫水の排除	◎緊急排水路の建設により、氾濫水を排除できた（小貝川） ◎湛水排除のための堤防開削（阿賀野川ほか） ×氾濫水の排除のために、堤防開削しようとしたが間にあわなかった（利根川） ×浸水を受けてもポンプ排水できるかどうかを確認していなかった（名古屋市）
	流域治水対策	◎下水道の改良・貯留施設の建設により、被害を防止できた（福岡市） ×地域により、総合治水対策の進捗に差が見られた
ソフト対策 (事前対策) ：除 避難	防災訓練	◎小・中学校で合同津波避難訓練を行った結果、津波による犠牲者はゼロであった（岩手県釜石市） ◎自主防災会で参加しやすい雰囲気づくりを行った結果、参加者が増えた（鳥取市） ◎発災対応型防災訓練などを行って、防災活動の幅が広がった ×水害に特化した防災訓練がないので、うまく対応できない人がいる
	地域防災リーダーの養成	◎行政機関職員等を対象に行われている、地域防災リーダーの養成は減災に有効である（山梨大ほか）
	水害危険性の周知	◎ホームページで破堤に伴う氾濫水の最大流速、湛水時間の分布を示した（猪名川ほか） ◎水害地形分類図が浸水の危険範囲を示していた（木曽川） ×河道付替に伴う水害危険性の変化が住民に周知されていなかった（伊賀川）
ソフト対策 (洪水・災害 発生時)： 除 避難	洪水・災害・予測情報の収集	◎浸水センサを用いて、浸水位や河道水位を観測できるシステムが開発された（仙台湾沿岸部） ◎津波高や浸水範囲を精度よく予測できるシステムが開発され、また津波高を観測できるレーダーが開発された（和歌山県ほか） ◎上流市区町村の情報が減災に役立つ場合があるので、情報を把握できる体制を整えておく ×防災担当者は市民からの電話対応等に追われ、FAXやメール情報は無視される傾向であった（熊本市）
	防災情報の伝達	◎音がよく届くサイレン、音声自動通報、防災メールサービスが行われるようになった（福岡市） ◎地上デジタル放送で情報が配信され、住民は任意のタイミングで情報取得できるようになった（NHKほか） ×災害対応に追われて、緊急速報メールを送れなかった（茨城県常総市）
	災害対策本部の設置	◎緊急災害対策本部、非常災害対策本部の設置 ◎災害対策本部に市区町村議会の議長、常任委員長に参加してもらって、議会との連携を行い、情報の共有化と意思決定の迅速化を図る ×災害対策本部が設置されなかった ×庁舎が浸水し、無線・自家発電が使えず、災害対策本部はマヒした（愛知県西枇杷島町）

	自主防災組織による対応	◎長年にわたる活動により、土砂災害が発生する前に住民を避難させることができた（鹿児島県国分市） ◎コミュニティ安全マップの作成、大規模な水害を想定したDIGを行い、災害に備えている（神戸市） ◎自主防災会で参加しやすい雰囲気づくりを行った結果、参加者が増えた（鳥取市）
	行政機関の危機回避策	◎ヘリコプターにより多数の住民を救助できた（鬼怒川） ◎積土のう工では口をしばらずに、その上に土のうをのせ、川側は長手方向に積むと、短時間で積むことができる ◎土石流により列車の乗客などが海へ流されたが、警察官の勇気ある行動により、多くの人を救助することができた（鹿児島） ×庁舎が浸水し、無線・自家発電が使えず、災害対策本部はマヒした（愛知県西枇杷島町）
	住民の危機回避策	◎氾濫流に流された男性が、危険にあわないよう工夫した（鬼怒川） ◎氾濫流の勢いが強かったため、両側の雨戸を開けて氾濫流を通し、家が流されないようにした（北上川） ×川で流された時、泳いで岸にたどり着こうとすると、力尽きて流されてしまう
	マスコミ対応	◎情報公開・報道対応の職員を配置して、うまく対応できた（新潟県長岡市ほか） ×市役所の災害対策本部の執務室に多数の報道機関が入り、災害対策に支障が生じた（愛知県岡崎市） ×災害対策本部へのマスコミの出入りを自由にしたため、災害対応業務に支障が生じた（新潟県小千谷市ほか）
ソフト対策（避難）	避難勧告・指示の発令基準	◎河道水位などを用いて、わかりやすい基準を定めた（新潟県三条市） ◎基準には達していなかったが、降水量、氾濫、水位上昇などから判断して、避難勧告を行った（愛知県岡崎市ほか） ◎市長が避難指示の判断根拠を示した（三重県鈴鹿市） ×発令基準は2割以上の市区町村で策定されていない
	避難命令発令のための情報収集・伝達	◎地すべりの前兆現象を把握し、調査した結果により、避難勧告が行われ、人的被害は発生しなかった（秋田県鹿角市） ×大雨時、担当者は災害対応に忙殺され、送られてきた情報を見落とすことがある ×土石流の前兆現象を体験したが、災害に結びつけられなかった（鹿児島県出水市）
	リーダーによる統率	◎村のリーダーの呼び掛けにより、村民は無事に避難できた（福井県西谷村） ×町長や副町長の不在により、避難命令を出せなかった（東京都大島町）
	避難命令のタイミング	◎新川、五十嵐川では破堤する前の早期に避難命令が出された（名古屋市ほか） ◎気象情報から豪雨を予想し、早く避難指示を出すととも

		に、職員等が巡回して避難を徹底させた（高知県本川村） ◎夜間の大雨が予想される時には、明るいうちに避難を促す予防的避難が効果的であった（熊本県） ×破堤箇所近くの地区に、避難勧告・指示が破堤前までに出されなかった（茨城県常総市） ×福井水害では避難命令が出されたのは破堤の直前であった（福井市） ×避難勧告・指示が出されなかった例、災害発生後に出された例がある（東京都大島町ほか）
	避難命令の伝え方	◎町長が非常事態宣言を出したほか、アマチュア無線を利用して、情報収集・伝達を行って、町民全員を避難させた（島根県三隅町） ◎緊急避難命令という切迫感ある表現等により、大津波の襲来を知らせ、住民を避難させた（茨城県大洗町） ×避難命令を丁寧な口調で行ったため緊迫感がなく、住民の避難率は低くなった（兵庫県豊岡市） ×多数の大雨・洪水警報が発令され、住民が警報を信じず、避難せずに被災した（長崎市）
	避難所・避難路情報	◎住民に避難所配置図を配付し、市・消防・警察が連携して対応した結果、短時間に住民を避難させることができた（宮崎県延岡市） ×標高の低い避難路を通ったために、氾濫流により用水路に流された（兵庫県佐用町）
	広域避難	◎消防団の活躍により、多数の住民を迅速に避難させることができた（東京都大島町） ×市内の避難所への避難を勧めるあまり、浸水域への避難を促す結果となった（茨城県常総市）

●ハード対策

ダムによる洪水調節
≪うまくいった事例≫

　梅雨前線（平成 18 年 7 月、172mm/24h：長野・松本）に伴う洪水に対して、国土交通省千曲川河川事務所と長野県の要請により、東京電力の発電 5 ダム（七倉、高瀬、奈川渡(ながわど)、水殿(みどの)、稲核(いねこき)）で、最大 604m^3/s の洪水をカットし、計量 1,460 万 m^3 を貯留した（洪水をカットした時刻は異なるが、わかりやすいようにピーク時刻をあわせて記述している）。これと国土交通省・大町ダム（最大 217m^3/s の洪水をカットし、約 1,260 万 m^3 を貯留）の洪水調節により、千曲川支川犀川(さい)の長野県安曇野(あずみの)市明科萩原(あかしな)地区で約 80cm 水位を低下させる効果が発揮され、洪水は越水することなく、堤防下 50cm までの水位で済んだ。洪水調節を目的としない発電ダムにより洪水調節を

行うという緊急対応事例である。

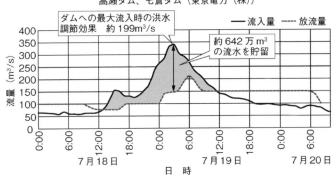

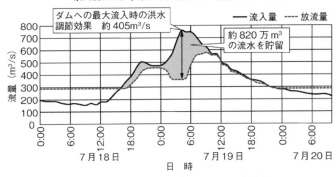

図 3-1　東京電力の 5 ダムによる洪水貯留

出典：ダム水源地環境整備センター：ダム・堰危機管理業務顕彰資料、2008 年

参考文献
＊末次忠司・相馬一義・福井元気：減災対策データベース、山梨大学水工学研究室資料、2015 年
＊ダム水源地環境整備センター：ダム・堰危機管理業務顕彰資料、2008 年

≪うまくいかなかった事例≫

　洪水調節と樋門操作が関係している事例であるが、台風 10 号（平成 15 年 8 月）に伴う 307mm/24h（平取上流域）の豪雨により沙流川で洪水が発生し、二風谷ダムから 5,500m³/s が放流され、下流水位が上昇して、北海道日高町で浸水被害が発生した（**写真 3-1**）。これは沙流川下流の水位上昇

第 3 章　水害事例からみた対応策　　　*25*

時に、北海道開発局・室蘭開発建設部の鵡川河川事業所長が、3 樋門を閉めずに沙流川の樋門操作員を退避させた（避難勧告が出る1時間前）ため、樋門から洪水が逆流して、氾濫したものである。札幌高裁は国の責任を認めて、住民勝訴の判決結果（平成24年9月）となった。多摩川水害（昭和49年9月）の差し戻し控訴審判決（平成4年12月）以来、約20年ぶりの住民勝訴となった。

写真 3-1　沙流川の樋門からの逆流による浸水（国土交通省資料より）

☞ 今後教訓とすべき対応策

　ダムは操作によっては効果的な洪水調節を行えるし、操作を誤ると水害被害を発生させる「両刃の剣」となる。近年ダムによる臨機応変な緊急放流を行って、下流河川の被害を軽減している例が見られる。洪水調節ダムだけでなく、発電ダムにより効果的な調節が行われた事例も見られる。

ブロック等の備蓄
≪うまくいった事例≫

　天竜川上流（国土交通省）ではブロックや土砂を多数備蓄している。備蓄ブロックは5tが1,057個、4tが565個、3tが150個、2tが177個などで、特にテトラポッド（凸型、4脚）やストーンブロック（平型）などが多い。

土砂も約 7.3 万 m³ 備蓄されている。富士川（国土交通省）は急流区間があるため、5t テトラポッドが 7,748 基、8t が 632 基、5t リーフロック（平型）が 572 基、5t 三連ブロック（凸型）が 541 基、5t 三柱ブロック（凸型）が 476 基など計約 1.3 万基のブロックが備蓄されている。このほかに玉石・割栗石が 7,683m³、土砂が約 4.4 万 m³ 備蓄されている。菊川（国土交通省）でも 2t ブロックが 1,700 個、土砂が約 3.5 万 m³ 備蓄されている。これらは災害が発生した（しそうな）ときの減災に有効な対応資材となる。破堤箇所の仮締切りでは、移動しにくい平面型ブロックの投入が有効で、例えば 4.7m/s の流速に対しては、3t 以上の重量のブロックが必要である[*]。

参考文献
＊国土開発技術研究センター：堤防決壊部緊急復旧工法マニュアル、1999 年

≪うまくいかなかった事例≫

小貝川水害（昭和 61 年 8 月）では、破堤箇所の仮締切りのためのブロックが不足し、海岸からブロックを運んでこなければならない事態となった。また、ブロックを運搬するダンプの通行路が限定されて渋滞し、最後は堤防上などに数珠つなぎの状況となった。こういう事態が発生しないために、必要ブロック数は河道近くに備蓄しておく必要がある。

☞ 今後教訓とすべき対応策

堤防の破堤や侵食災害に対応するために、ブロックや土砂が必要となるが、災害発生時に調達するのは時間を要するため、備蓄しておく必要がある。あわせて、災害時は資材を運搬するダンプが渋滞するため、緊急車両専用の道路についても検討しておく必要がある。また、上記した一連の情報が国土交通省の災害対策資器材検索システムなどに登録されていれば、洪水時における資器材調達にとって非常に有効となる。

参考文献
＊末次忠司：水害から治水を考える、技報堂出版、2016 年

氾濫水の排除
≪うまくいった事例≫

①利根川水系小貝川では、昭和 61 年 8 月に発生した破堤氾濫に対して、

氾濫水が到達する前に、茨城県・水海道市職員および消防団員などが氾濫原を横断するように緊急排水路（掘削した幅2m×深さ1mの水路をブルーシートで覆ったもの）を仮設して、千代田堀の排水樋門を通じて鬼怒川へ氾濫水を排除した（**写真 3-2**）。

写真 3-2 小貝川破堤時の緊急排水路
出典） 吉本俊裕・末次忠司・桐生祝男ほか：昭和 61 年 8 月
小貝川水害調査、土木研究所資料、第 2549 号、1988 年

②湛水を排除するための堤防開削は、阿賀野川（昭和 41 年 7 月）、信濃川支川渋海川（昭和 53 年 6 月）、鳴瀬川支川吉田川（昭和 61 年 8 月）、千曲川支川鳥居川（平成 7 年 7 月）などでも実施された。地域住民が河川管理者の許可なく、勝手に堤防を開削したケースもあった。堤防開削は自主決壊と呼ばれることもある。

参考文献
＊①吉本俊裕・末次忠司・桐生祝男ほか：昭和 61 年 8 月小貝川水害調査、土木研究所資料、第 2549 号、1988 年

≪うまくいかなかった事例≫
①カスリーン台風（昭和 22 年 9 月）に伴う洪水により、利根川は埼玉県東村で破堤した。利根川と支川の渡良瀬川で洪水ピークが同時に生起し、また橋梁（東北本線、東武日光線、国道 4 号）に流木が集積して、洪水位が上昇したためである。氾濫水は旧河道の古利根川に沿って、埼玉県から東京へ向かった。東京が氾濫被害を受けないよう、内務省国土局長と東京

都知事は江戸川の堤防を開削して、氾濫水を排除しようとしたが、江戸川の下流に位置する千葉県の土木部長がこれに反対した。最終的には千葉県は内務省の意見に従うことになり、進駐軍のGHQ（連合国軍総司令部）による堤防爆破が行われたが開削できず、その後住民の掘削により開削できたが、この時には氾濫水は既に東京に到達していた。ちなみに、多摩川水害（昭和49年9月）では、洪水流の妨げとなった二ケ領宿河原堰を自衛隊が爆破しようとしたが爆破できず、最後は建設省職員が爆破した。

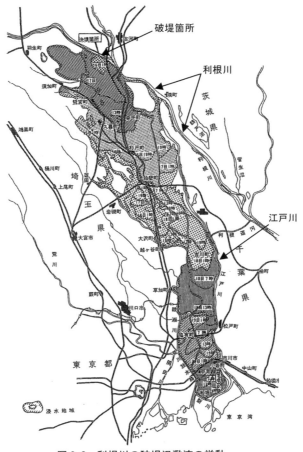

図 3-2　利根川の破堤氾濫流の挙動
破堤氾濫流は破堤約3日後に東京都と埼玉県の県境、約4.5日後に東京湾に到達した。
出典）　埼玉県：昭和二十二年九月埼玉縣水害誌、1950年

②東海豪雨（平成12年9月）では、浸水により排水停止したポンプがあった。名古屋市天白区の野並ポンプ所のポンプは、浸水により燃料を供給する装置が故障し、機能を停止した。他のポンプ所にも浸水を想定した設計になっていないポンプがあり、浸水時に機能を発揮できない可能性がある。

参考文献
＊①高崎哲郎：洪水、天ニ漫ツーカスリーン台風の豪雨・関東平野をのみ込むー、講談社、1997年

☞ **今後教訓とすべき対応策**

氾濫被害が発生した場合、緊急排水路や氾濫原樋門（河川や水路と接続していない樋門）などで氾濫水を排除することは、氾濫被害の軽減にとって有効である。しかし、氾濫水の排除は他地域へ悪影響を及ぼす可能性があるので、<u>氾濫原（流域）管理の観点</u>[注1)]で、対応を判断する必要がある。場合によっては、高度な政治的判断を要することもある。

流域治水対策
≪うまくいった事例≫

福岡市では、平成11年6月、平成15年7月の豪雨により、御笠川や下水道から溢水するなどして、市内各所で氾濫、地下水害が発生するなど、甚大な被害となった。福岡市ではこれらの水害を契機として、レインボープラン博多を平成16年に策定した（平成25年3月に事業完了）。このプランでは、下水道を合流式から分流式に変更し、また管径を大きくして貯留機能を持たせた。また、山王公園雨水調整池（1号グラウンド）[注2)]を約1.8m掘り下げて、貯留能力を向上させた（**写真3-3**）。平成21年7月に116mm/hの豪雨に襲われたが、山王公園雨水調整池などが機能を発揮した結果、博多駅周辺地区では大きな被害は出なかった。

注1) 道路・鉄道盛土を用いた二線堤の設置に伴って、上下流で被害格差が生じるように、氾濫原管理を行うと、地域によっては被害が増大する場合があるので、流域スケールで見て、被害が減少する方策を考える（想定浸水深と資産分布により二線堤の効果を判断することは可能である）。
注2) 下水道整備区域で流出する雨水を一時的に貯留する施設

写真 3-3　山王公園雨水調整池（福岡市資料より）
写真は 2 号調整池で、2 つの調整池をあわせて、約 3 万 m^3 の調節容量を有している。

参考文献
＊末次忠司・相馬一義・福井元気：減災対策データベース、山梨大学水工学研究室資料、2015 年

≪うまくいかなかった事例≫

　昭和 54 年より、全国の都市化が著しい河川を中心に総合治水対策が実施されてきた。しかし、対策に関する法的裏付けがなく、また多くの部署が関係するなど、課題も多く、地域により対策の進捗に偏在が見られた。概して、関東地方は鶴見川流域などをはじめ、浸透・貯留施設の設置などが積極的に進められた[注]が、近畿地方は行政機関と住民・施設管理者との合意形成が進まなかったなどの理由により対策の進捗が遅れた。

☞ **今後教訓とすべき対応策**

　都市河川の洪水ピーク時間は短いので、洪水に堤防嵩上げで対処するより、河道への雨水流出量を抑制する流域治水対策が治水経済からみて効果的である。ただし、流域治水対策ではオンサイト対策の浸透・貯留施設が多く、当該地点ではある程度の治水効果があるが、河道の治水上の基準地点では、効果が小さくなる。しかし、小規模施設でもよいので、<u>ハード対策と組み合わせて用いる</u>と、有効な対策となる。

注）例えば、横浜市には公共・公益施設に容量約 4 万 m^3 相当の貯留施設が設置されている。

第 3 章　水害事例からみた対応策

● ソフト対策（事前）：避難は除く

防災訓練
≪うまくいった事例≫

　①岩手県釜石市の鵜住居(うのすまい)小学校と釜石東中学校は、群馬大学の片田敏孝教授の講演や明治・昭和三陸津波（明治29年6月、昭和33年3月）の言い伝えを聞いたことを契機として、日頃より定期的に合同の津波避難訓練を実施し、中学生が小学校低学年の児童の避難を支援する取り組みを行っていたため、東日本大震災（平成23年3月）では鵜住居町で約600名の死者・行方不明者が出たにもかかわらず、生徒の犠牲者はゼロであり、「釜石の奇跡」と言われた。

　②鳥取市の若葉台南6丁目自主防災会では、防災訓練だけでは人が集まらなくなった。そこで、防災に関する○×クイズで賞品を出したり、炊き出し訓練で高齢者に美味しくなる炊き方を教えてもらうよう呼び掛けたり、参加しやすい雰囲気づくりに心がけた結果、参加者が増えた（「きもだめし大会」も住民参加に貢献した）。

　③失敗を教訓とする防災訓練として、事前に訓練内容を知らせないで進める「発災対応型防災訓練」、避難所を擬似体験する訓練など、近年防災活動の幅が大きく広がってきている。

参考文献
＊②鳥取県防災局防災危機管理課：自主防災組織活動ヒント集、2006年
　http://www.pref.tottori.lg.jp/secure/84954/hint1.pdf （2016.4.25閲覧）
＊③内閣府　防災情報のページ
　http://www.bousai.go.jp/kohou/kouhoubosai/h21/09/special_01.html （2016.2.23閲覧）

≪うまくいかなかった事例≫

　地震時の避難訓練や防火訓練はあっても、水害に特化した防災訓練は少ないので、実際の浸水・氾濫などへの対応（浸水中の歩行[注]、勢いのある氾濫流など）に住民がとまどうケースが見られる。加えて、地震や津波などの突発性災害と、浸水や地すべりなどの進行性災害は特徴や対応が異な

注）浸水中歩行では水の流れを受けるだけでなく、浮力が作用するので、足の動き（着地）が頭で思っている以上に不安定になる（思っている動きと異なる）ため、転倒する人がいる。

ることを知っておく必要がある。後者の進行性災害は現時点では大丈夫だが、時間経過とともに状況が悪化する場合がある。

☞ **今後教訓とすべき対応策**
　防災訓練は継続性のあるものとし、かつ実践的な訓練とするように心掛ける。事前に内容を知らせない抜き打ち的な訓練や夜間訓練も必要である。防災に関することだけでは住民が集まらない場合、賞品が出るクイズや、住民の関心が高い防犯対策と組み合わせた訓練とする。講演や言い伝えも住民の防災意識を高めるのに有効であるので、積極的に行う。

地域防災リーダーの養成
≪うまくいった事例≫
　山梨大学の地域防災・マネジメント研究センターでは、平成25年より県内の行政機関職員、自主防災組織のリーダー、大学生など（約80名）を対象に、地域防災リーダーの養成を行っている。養成講座では水害、地震、土砂災害を対象に、県内災害の実態も含め、防災対策などについて講義を行い、防災士に必要な知識を習得した修了者は（履修証明が出て）防災士資格取得試験を受験できる。受講者は今後地域で防災・減災に貢献することが期待される。なお、熊本大学でも、熊本県と一体となって平成19年より「火の国 防災塾」と称する、地域防災リーダーの養成講座を開いている。

≪うまくいかなかった事例≫
　特に該当事例なし

☞ **今後教訓とすべき対応策**
　市役所であっても、技術系でない総務課職員が防災・減災を担当する場合が多い。こうした職員に過去地元で発生した災害について聞いても知らない場合がある。したがって、リーダー養成講座等を通じて、市職員に防災・減災に関する基礎知識を伝授することは、減災を進めるうえで非常に重要であるし、地域の自主防災組織や一般の人が受講するのも地域防災にとって価値がある。

水害危険性の周知

≪うまくいった事例≫

①通常の洪水ハザードマップでは、最大浸水深と避難所は掲載されているが、時間的な情報は記載されていないものがほとんどである。これに対して、兵庫県尼崎市では、ホームページ上ではあるが猪名川、猪名川支川藻川、武庫川が破堤した時の氾濫水の最大流速、湛水時間（浸水深が10cmになるまでの時間）の分布が地図上に表示されている。

②科学技術庁資源調査会が作成した水害地形分類図は、水害に関係する地形を表した地図で、扇状地、自然堤防、三角州、埋立地のほかに、段丘・干拓地が詳細に分類されていた。木曽川下流域濃尾平野を対象にした分類図における三角州が伊勢湾台風（昭和34年9月）の浸水範囲をよく表していたことから、中日新聞により「地図は悪夢を知っていた」と評され、その有効性が評判となった。同様の分類図に治水地形分類図(国土交通省)、土地条件図などがあり、土地条件図は市販されている。

≪うまくいかなかった事例≫

愛知県岡崎市における氾濫被害（平成20年8月）は、豪雨（146.5mm/h）と伊賀川の河道狭窄部[注]（**写真 3-4**）における水位堰上げが氾濫の主因で

写真 3-4　越水被害が発生した伊賀川の狭窄部区間
水害後の工事中の様子、河道のすぐ横（人が立っている所）に家屋があった。

注）上下流に比べて川幅が狭いのに加えて、河道横に多数の家屋が建設されていた。

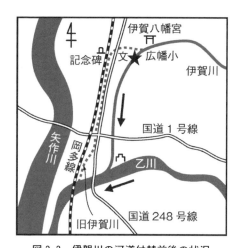

図 3-3　伊賀川の河道付替前後の状況
旧伊賀川は現在より西側を流れていたことがわかる。
出典）ふるさとの山河、1984 年

あるが、歴史的には河道が明治末期に東側の旧岡崎城外堀に付け替えられたため、伊賀川と窪地地形が隣接する関係となった氾濫原特性の変化が大きく影響していた（図 3-3）。しかし、こうした地域の水害危険性は住民には十分知らされておらず、窪地における氾濫により住民 1 名が死亡するなど、2 名が死亡した。

☞ 今後教訓とすべき対応策

事例で示したような洪水ハザード、治水地形などの情報提供も重要であるが、伊賀川水害の例からもわかるように、今後は<u>洪水流下能力や氾濫特性からみた水害危険性を住民に周知していく必要がある</u>（危険性は経時的に変化するが）。この情報は言うなれば、重要水防箇所の住民版とでも言えるものであり、減災に有効となるが、危険性の出し方や説明には十分注意する必要がある（自分が住んでいる地域の想定水害危険度が低いとわかった途端に、水害に関心を持たなくなる住民がいるからである）。

● ソフト対策（洪水・災害発生時）：避難は除く

洪水・災害・予測情報の収集
≪うまくいった事例≫

①東日本大震災後の平成23年9月に、仙台湾沿岸部に浸水センサが22カ所設置された。同月に台風15号が襲来し、300mm以上の総雨量となり、浸水が発生した。11カ所で水位が基準の高さを超過し、登録された携帯電話に浸水情報メール（写真3-5）とアラームが配信された。また、パソコンで観測された浸水位や河道水位を見ることができる「浸水センサ状況提供システム」も開発された。なお、この浸水センサは水圧式で、外部電源によらないバッテリー稼働方式であり、情報送信はテレメータでなく、安価で簡易な携帯メール回線が利用されている。

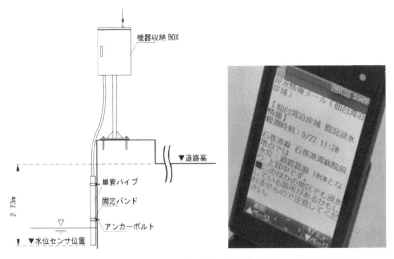

写真3-5　浸水センサ設置イメージ（左）と浸水情報メール画面（右）
出典）東口寛・布村明彦・栗城稔：仙台湾沿岸域における浸水情報の提供について、平成23年度 河川情報シンポジウム講演集、2011年

②従来、津波高は計算で予測されていたが、地震規模がマグニチュード8を超える場合は、必ずしも予測精度は高くなかった。近年は沖合の観測網データを用いて、津波高や到達時間、浸水範囲を予測するシステムが開発（和歌山県）され、沖合50km以内の津波高をレーダーにより観測でき

る装置が開発（三菱電機）されている。

③最新の装置による情報収集だけでなく、情報収集の仕方に工夫している市区町村もある。（土砂災害を含めて）水害は、上流域で先に発生している場合があるので、上流市区町村の情報（水位、氾濫、土砂災害）を把握できる体制をとっておくと、減災に効果的な場合がある。行政機関による情報収集が難しくても水防団員同七により行う方法もある。

参考文献
*①東口寛・布村明彦・栗城稔：仙台湾沿岸域における浸水情報の提供について、平成23年度河川情報シンポジウム講演集、2011年
*②読売新聞：2016年2月28日朝刊

≪うまくいかなかった事例≫

九州北部豪雨（平成24年7月）では、熊本や福岡などで甚大な被害が発生した。熊本では白川で氾濫被害が発生し、熊本市の担当者は市民からの電話対応等に追われて、大量のFAXやメール情報は無視される傾向があった。行政機関の住民対応としては、生死にかかわる助けを求める電話等には親切な対応を心掛けるが、苦情に対しては、「あとで聞く」、「災害対応で忙しい」、「我慢してくれ」と、勇気を持って断ることも必要である。

参考文献
*水害サミット実行委員会：新改訂 防災・減災・復旧 被災地からおくるノウハウ集、毎日新聞社、2014年

☞ **今後教訓とすべき対応策**

迅速な水害対応を行うために、浸水センサや洗掘センサ（洪水中の河床高計測）などの情報をもっと活用すべきであり、他の観測手法と組み合わせて、総合的な判断を行うための手段となりうる。センサには、このほかに堤防センサ（堤体に敷設した光ファイバーセンサ（浸透、侵食））や変状検知センサ（護岸の変状を検知）などがあり、最速7.2km/hで水中を潜航し、撮影できる潜水ドローンもある（第6章の「減災に活用できる新技術」に記載）。予測情報については、第4章の「雨の降り方や洪水の出方を見ながら対応策を考える」も参照されたい。また、情報収集にあたっては、上流市区町村の情報を参考にすることも重要で、貴重な情報を活かすために、災害対策本部に入ってくる情報に重要度のランクをつけて送信しても

らう工夫も必要である。

参考文献
＊土木学会編：構造工学シリーズ 24 センシング情報社会基盤、丸善、2015 年

防災情報の伝達
≪うまくいった事例≫

　①福岡市では、平成 11 年 6 月（77m/h）および平成 15 年 7 月（104mm/h：太宰府(だざいふ))の二度の水害を経験して、以下に示すような情報伝達を行うようになった(注)。
- 御笠川(みかさ)流域など 10 カ所にサイレンが設置され、危険水位に達すると、サイレンが危険を知らせるようにした。サイレンの音がビルで遮断されないよう、マンションや学校の屋上に設置された。
- 緊急情報が出された際は、音声自動通報で防災担当者を呼び出すようにした。
- 気象警報等が発表されると、雨量（29 カ所）、水位（11 カ所）、洪水状況（10 カ所）の情報を、住民も含めた登録者のパソコン、携帯電話に送信している：防災メールサービス。

　②NHK や国土交通省九州地方整備局では、気象情報や河道水位などの詳細情報を地上デジタル放送で配信（地域情報をデータ放送で配信）したため、住民は任意のタイミングで各種情報を取得することができるようになった。

≪うまくいかなかった事例≫

　台風 17 号と元台風 18 号に伴う洪水による鬼怒川(きぬ)水害（平成 27 年 9 月）では、茨城県常総市から市内各戸に破堤情報が十分伝えられなかった。また、常総市は大手 3 社の携帯電話会社（NTT ドコモ、KDDI：au、ソフトバンク）を通じて、一斉配信する緊急速報メールを整備していたにもかかわらず、職員が災害対応に追われて、災害・緊急速報・避難情報（避難勧告・指示など）を送ることができなかった。

注）国土技術政策総合研究所（末次）によるヒアリング結果

☞ **今後教訓とすべき対応策**

　防災情報の伝達にあたっては、情報が確実に伝わるように工夫するとともに、住民が能動的に情報をとれる仕組みも必要である（各種防災アプリ[注]もある）。都道府県の「土砂災害情報相互通報システム」や国交省の「川の防災情報」なども有効に活用する。行政機関の担当者は洪水時に手が回らないことがあるので、事前に実践的な訓練を通じて、どう分担・対応すべきかを定めておく。また、専任の情報連絡担当員を決めておくことが重要である。住民からの被害情報もこの担当員に一元化しておくとよい。

災害対策本部の設置
≪うまくいった事例≫

　①激甚災害の場合、例えば東日本大震災（平成23年3月）の発生時には、地震発生の28分後に内閣総理大臣が本部長を務める「平成23年東北地方太平洋沖緊急災害対策本部」が初めて設置された。東京電力・福島第一原子力発電所事故を受けて、原子力災害対策本部も初めて設置された。また、規模の大きな非常災害の場合、国務大臣が本部長となり、災害応急対策の総合調整を行う「非常災害対策本部」が長崎・雲仙普賢岳噴火災害（平成3年6月）、阪神・淡路大震災（平成7年1月）、新潟県中越地震（平成16年10月）、台風12号（平成23年9月）、長野・御嶽山噴火（平成26年9月）などで設置された。

　②緊急時には議会対応が後回しになりがちなので、災害対策本部に市区町村議会の議長、常任委員長に参加してもらう「議会との連携」を行って、情報の共有化と意思決定の迅速化を図るのがよい。

参考文献
＊②水害サミット実行委員会：新改訂 防災・減災・復旧 被災地からおくるノウハウ集、毎日新聞社、2014年

注）避難所・医療救護所・給水拠点が表示される世田谷区の「防災マップアプリ」、近くの避難所までの経路を示し、安否確認ができるファーストメディアの「全国避難所ガイド」、気象庁の警報等や台風情報、避難所・避難所までの経路情報などを提供するNTTレゾナントの「goo防災アプリ」などがある。

≪うまくいかなかった事例≫
　①台風6号（平成14年7月）により、岩手・宮城・福島の市町村では、豪雨災害が発生していたにもかかわらず、災害対策本部は設置されず、避難勧告・指示は発令されなかった。
　②東海豪雨災害（平成12年9月、428mm/日：名古屋）に対して、愛知県西枇杷島町は災害対策本部を設置したが、庄内川支川新川の破堤（**写真3-6**）により、町の庁舎は浸水し、防災無線や自家発電機は使えなくなり、災害対策本部の機能はマヒした。

写真3-6　庄内川支川新川の破堤状況（国土交通省資料より）
新川は、庄内川の洪水を迂回させるために江戸時代に開削された人工河川で、東海豪雨時に洗堰を通じて庄内川から大量の洪水が流入した。県内10カ所以上で破堤災害が発生し、大都市・名古屋を広範囲に浸水させ、多数の家屋・事業所に被害を及ぼした。

☞ **今後教訓とすべき対応策**
　災害が発生した後に、災害対策本部を設置し、避難命令を出すケースがみられる。このようなことがないよう、後述したように、自分（この場合は行政機関の担当者）が遭遇している現象や前兆現象を的確に把握するとともに、それを災害に結びつけるトレーニングを行うことが重要となる。こうした感覚を養うには、デスクワークではなく、現地で現象をいろいろな角度から見る必要がある。災害現場へ行って、現象をつぶさに見ておく

ことも役に立つ。

自主防災組織による対応
≪うまくいった事例≫

①鹿児島県国分市姫城では、自主防災組織（姫城防災会）が昭和50年頃より、毎月第1日曜日を防災点検の日と定め、危険地の点検を実施し、災害知識の普及を図ってきた。104mm/h（溝辺）の豪雨による平成5年8月の水害（8・1水害）において、異常現象を察知し、青年団や消防団が中心となって、高齢者や病人を含む全住民を避難させ、土石流やがけ崩れにより7戸が全壊したにもかかわらず、犠牲者を出さずにすんだ。

②神戸市兵庫区湊山地区は、昭和13年7月（阪神大水害）、平成10年9月など、過去に水害被害を受けた経験があり、近年では住民の高齢化が進んでいることもあり、災害時の対応が強く求められている。湊山地区の防災福祉コミュニティでは、年2〜3回の頻度で地区6カ所の防災資機材の点検を行うとともに、小型ポンプ・発動機の稼働テストを行っている。また、水害危険箇所や防災資機材倉庫の場所を示したコミュニティ安全マップを作成するとともに、大規模な水害を想定したDIG[注]を行っている。

③「防災訓練」の②で前記したが、鳥取市の若葉台南6丁目自主防災会では、防災訓練だけでは人が集まらなくなったので、防災に関する〇×クイズで賞品を出したり、炊き出し訓練で高齢者に美味しくなる炊き方を教えてもらうよう呼び掛けたり、参加しやすい雰囲気づくりに心がけた結果、参加者が増えた。

参考文献
＊①鹿児島県：平成5年夏 鹿児島豪雨災害の記録、鹿児島県、1995年
＊②内閣府 防災情報のページ：地域コミュニティの力を活用した風水害対策の活動事例（20の活動事例が紹介されている）
  http://www.bousai.go.jp/fusuigai/sonota/index.html（2016.4.18閲覧）
＊③鳥取県防災局防災危機管理課：自主防災組織活動ヒント集、2006年
  http://www.pref.tottori.lg.jp/secure/84954/hint1.pdf（2016.4.25閲覧）

注）DIGとはDisaster Imagination Gameの略語で、広げた地図を囲んで、知り得た情報等を皆で一緒に議論しながら、図上で災害対応策を考える災害対応トレーニングである。

≪うまくいかなかった事例≫
　特に該当事例なし

☞ **今後教訓とすべき対応策**
　「三日坊主」や「喉元過ぎれば」ということわざがあるように、何事でも長続きさせることは難しい。姫城のように地道で息の長い活動は、「防災訓練」の①で前記した釜石と同様に、住民に防災行動を定着させ、洪水や災害本番で効果を発揮する。また、防災資機材の点検は、本番で防災・減災行動を確実に行うために重要であり、図上演習のDIGは地域の地理を考慮した実践的な行動をとるためのトレーニングとなりうる。

行政機関の危機回避策
≪うまくいった事例≫
　①関東・東北豪雨による水害（平成27年9月）では、茨城・栃木県において、被災家屋数（13,263棟）の割には、死者数（6名）が少なかった。これは被災家屋等からの被災者の救助がスムーズに行われたためである。茨城県内では790名が消防団などにより救助され、特に航空隊のヘリコプターなどにより276名が救助された（**写真3-7**）。ヘリコプターによる救出では、東部方面航空隊や航空学校などの関東地方の部隊だけでなく、浜松救難隊、第12ヘリコプター隊なども救助活動を行った。
　②減災のためには水防活動や避難活動などの初動態勢が重要で、時間勝負の場面が多くなる。水防活動では越水防止のための積土のう工が多いが、緊急的には土のう袋の口をしばらずに、次の土のうを口の上にのせていくと短時間で積むことができる。川側には長手方向（土のう袋の長い方を流下方向）に積むと一層短時間で積める。
　③テレビでも話題となった平成5年8月6日の鹿児島・土石流災害時の警察官の対応事例を以下に紹介する。
　鹿児島では7月の月雨量が1,000mmを超える大雨に見舞われていた。8月に入っても梅雨の終息宣言は出ず、各地で浸水被害が発生した。当時、宮崎方面に向かっていたJR日豊本線の列車が竜ケ水駅（鹿児島市吉野町）に到着した時、前方の線路が冠水して運行できなくなった。そこで、乗客を鹿児島方面行きの列車に移して、戻ろうとした時、前方（鹿児島側）で発生した土石流の土砂により線路を塞がれてしまった。近くの道路で検問

写真 3-7　ヘリコプターによる救助 (写真提供：朝日新聞社)

をしていた磯交番の警察官は、警察無線で連絡をとろうとしたが、つながらない状況にあった。土砂崩れが発生する危険があると判断した警察官は、列車内の乗客と立ち往生していた車のドライバーを海側の国道へ移動させた。その直後、二度目の土石流が発生し、犠牲者は出なかったが、乗客約650名が土石流と冠水の間の150m区間に取り残されることとなった。その頃、竜ケ水へは県から救助要請を受けた桜島フェリーが救助に向かっていた。しかし、竜ケ水付近は水深が浅く、養殖用いかだやブイが多数あったため、接岸することはできなかった。一方、土石流現場で現地の状況を車に搭載したアマチュア無線で通信していたのを聞いたクルーザーの人が救助へ向かっていた。しかし、到着する前に、発生した幅50mの三度目の土石流により、乗客と警察官は海へ流されてしまった。警察官はケガをしていたが、浮かんでいる人たちをボートに乗せ、海上での救助を始めた。そしてクルーザーが到着し、重傷者は鹿児島へ直接、その他の救助者は沖合に停泊していたフェリーへ運ばれた。このようにして、全員は助からなかったが、警察官等の勇気ある行動（8時間に及ぶ死闘）により、多くの人が犠牲とならずにすんだ。

参考文献
＊②国土交通省国土技術政策総合研究所監修、水防ハンドブック編集委員会編：実務者のための水防ハンドブック、技報堂出版、2008年
＊③フジテレビ番組「奇跡体験！アンビリバボー」、2016.3.24（再放送）

≪うまくいかなかった事例≫
「災害対策本部の設置」の②で前記したとおり、東海豪雨災害（平成12年9月、428mm/日：名古屋）に対して、愛知県西枇杷島町は災害対策本部を設置したが、庄内川支川新川の破堤（写真 3-6）により、町の庁舎は浸水し、防災無線や自家発電機は使えなくなり、災害対策本部の機能はマヒした。

☞ **今後教訓とすべき対応策**
洪水・災害時の場面場面で、「減災のためにどう対応すべきか」に対しては、答えは必ずしも一つではない。第4章「減災対応の視点」で示すようなフェーズ、空振りと見逃し、降雨・洪水状況、要配慮者からみて、どう対応するかを、その場で即座に判断しなければならない。偶然の出来事や本能的な行動が減災に役立つ場合もある（下記した住民の危機回避策も含めて）。

住民の危機回避策
≪うまくいった事例≫
①鬼怒川水害（平成27年9月）では、男性が破堤箇所近くで氾濫流に流されたが、流下先にあった電柱につかまり、氾濫水の流れに耐えた。その後、流されたときのために流木を足元に挟んでおき、自分の足の方に流れてきたゴミや木は手で払いのけた。このように、浮かぶための流木は流されたときの危機回避策として有効である。

②水害が過去多く発生していた北上川流域[注]で、水害が発生した時、氾濫流の勢いが強く、家が流されそうになったので、これまでの経験から家の両側の雨戸を開けて、氾濫流を通すことによって、家が流されるのを防

注）江戸時代以降の約400年間で334回、明治元年から昭和35年の93年間で116回水害が発生した。戦後では昭和22年9月（カスリーン台風）、昭和23年9月（アイオン台風）、平成14年7月（台風6号と梅雨前線）に大きな水害が発生した。

いだ。

≪うまくいかなかった事例≫
　川で流されたり溺れた場合、泳ぎに自信がある人ほど、泳いで岸にたどり着こうとする。しかし、岸にたどり着く前に力尽きて、流されてしまうことが多い。したがって、泳ぐのではなく、カバンやビニール袋などの浮くものにつかまって体力を消耗させずに、そのうち岸に着くことを期待するのが得策である。ただし、堰・床止めや橋梁の近くでは、流れが渦巻いていて、手足の動きがとれなくなることもあるので注意する必要がある。

☞ 今後教訓とすべき対応策
　究極の状況では、通常では考えられない行動が危機回避に有効となる場合がある。そのような行動をまとめて紹介した本があれば参考になるが、著者が知るかぎりでは、水害関係では下記の書籍ぐらいである。参考図書が非常に少ないことが、減災対策が進まない理由の一つとも言える。
・建設省河川局：全国の洪水被災者の体験談　'80～'90 大水のはなし、日本河川協会、1991 年
・建設省八代工事事務所・川辺川工事事務所：球磨川水害証言集　ドキュメント　洪水、九州地方建設局、1993 年

マスコミ対応
≪うまくいった事例≫
　新潟県中越地震（平成 16 年 10 月）では、長岡市や山古志村において、地震災害、土砂崩れによる河道閉塞などの甚大な地震被害が発生したが、情報公開・報道対応の職員を配置することにより、マスコミ対応に成功した。

≪うまくいかなかった事例≫
　①平成 20 年 8 月末豪雨では、愛知県岡崎市で伊賀川からの越水や内水による氾濫被害が発生した。災害初動期に、市役所の災害対策本部の執務室内に報道機関が多数入り、災害対策に支障が生じた。その解消には 1 日以上を要した。
　②新潟県中越地震（平成 16 年 10 月）では、小千谷市においては、災害

対策本部へのマスコミの動線規制を行わなかった（出入り自由）ため、マスコミに長時間取材され、災害対応業務に支障をきたした。北海道・有珠山噴火（平成12年3〜4月）が発生した伊達市でも、同様の問題が生じた。

参考文献
＊①内閣府：大雨災害における市町村の主な取組事例集、2010年
　http://www.bousai.go.jp/oukyu/taisaku/hinannoarikata/pdf/shiryou9.pdf#search（2016.4.25閲覧）

☞ **今後教訓とすべき対応策**
　マスコミへの情報提供を随時行うと防災業務が混乱するので、マスコミには災害対策本部外で、定時に情報提供を行うとともに、マスコミ対応の職員を配置する（事例では同じ新潟県内でも対応の違いがみられた）。また、記者会見やインタビューに対して、スムーズに対応するための訓練であるメディアトレーニングを行い、マスコミ対応のスキルを習得しておく。

● ソフト対策（避難）

避難勧告・指示の発令基準
≪うまくいった事例≫
　①新潟・福島豪雨（平成16年7月）では、新潟県三条市で信濃川支川五十嵐川が越水破堤した（**写真3-8**）。三条市では水害後に具体的な避難勧告・指示の発令基準が検討された。しかし、河川改修が進み、また基準がわかりにくかったため、平成21年度に再度見直しを行い、五十嵐川では以下の基準とした。その結果、ハード対策の進展[注1]もあったが、平成23年7月豪雨（総雨量1,006mm：笠堀）では最小限の被害ですんだ。
・渡瀬橋（合流点より3.9k）の水位が14.0m以上になった場合
・笠堀ダムで「ただし書き操作[注2]」の予告連絡があった場合

注1）五十嵐川の河道掘削（約34万m³）による拡幅、洪水流の障害となる3橋梁の架替などが行われた。
注2）気象・洪水状況により、規定された以外の操作（洪水放流）を行うことで、具体的には洪水調節容量の8割相当水位に達すると、貯水池への流入分を放流する。ただし書き操作は、全国で年間1〜5ダム（最大で25回：平成16年（最高記録となる10個の台風が上陸））で実施されている。

写真 3-8 五十嵐川の破堤状況（国土交通省北陸地方整備局資料より）
洪水流下能力の不足（下流も含めた河積や橋梁による不足）により、水位上昇して越水破堤した。越水は対岸でも発生していた。

②平成 20 年 8 月末豪雨災害では、具体的な避難勧告基準があった岡崎市、名古屋市、一宮市（何れも愛知県）などは大きな遅滞もなく、避難勧告が出された。例えば、岡崎市では 146.5mm/h の豪雨が発生したが、平成 19 年に作成した「避難勧告等伝達マニュアル」で定める基準に達していないなかで、下記 4 項目をトリガー（危険基準）として、総合的・複合的な判断を行って、避難勧告を発令した。

1) 異常な降水量：市の観測点 21 カ所中 16 カ所で 40mm/h 以上を観測、連続して 10 分間雨量が 20mm を越す複数の観測点があった、中央総合公園で 152.5mm/h を観測
2) 複数の中小河川の氾濫と内水氾濫、10 分間で 1m を超える洪水位上昇
3) 市全域に土砂災害危険度情報
4) 市全域から被害情報が殺到

③三重県鈴鹿市は、台風 11 号（平成 26 年 8 月）による洪水に対して、市内全域に避難指示を発令した。市長は水害後、避難指示の判断根拠をメッセージとして出した。メッセージのなかでは、大雨警報や土砂災害警戒情報（土石流や小規模な急傾斜地崩壊が対象）に対して、避難勧告や避難

準備情報を出した、また、大雨特別警報が発令され、鈴鹿川が氾濫危険水位を超過したことより、避難指示を出すことを決めたことを明らかにした。

参考文献
＊①山梨大学（末次）によるヒアリング結果
＊②内閣府：大雨災害における市町村の主な取組事例集、2010 年
　http://www.bousai.go.jp/oukyu/taisaku/hinannoarikata/pdf/shiryou9.pdf#search （2016.4.25 閲覧）

≪うまくいかなかった事例≫
　消防庁が平成 25 年 11 月時点で調査した結果、水害に関する避難勧告・指示の発令基準を策定済の市区町村は 78.2％で、策定中が 16.3％であった。すなわち、まだ 2 割以上の市区町村で策定されていないということである。基準項目は水位（92％）、警報等（80％）、雨量（73％）などとなっており、水位や警報は具体的な基準である可能性が高いが、雨量は大雨警報雨量などより、機械的に設定していることが考えられる。また、伝達方法としては、消防団員等による広報（91％）、緊急速報メール（84％）、同報系の防災行政無線（78％）が多く、以前に比べて緊急速報メールが多かった。

参考文献
＊消防庁：避難勧告等に係る具体的な発令基準の策定状況等調査結果、2014 年

☞ **今後教訓とすべき対応策**
　うまくいった岡崎の事例②が示すように、発令基準はすべてに万全ではない。基準としては、雨量、水位、警報等を組み合わせて、発令について判断することが大事である。なぜなら、大河川は水位・警報などが基準となるが、小河川は雨量による判断が有効だからである（洪水位で判断していたら、対応が間にあわなくなる場合がある）。また、総務課などの事務官でも発令基準を確実に適用できるよう、うまくいった事例①の五十嵐川のように、発令基準のわかりやすさも必要である。

避難命令発令のための情報収集・伝達
≪うまくいった事例≫
　秋田県鹿角市の澄川温泉では、平成 9 年 5 月の降雨（110mm/日：八幡平）と融雪（175cm/15 日）により発生した、水の濁り・亀裂などの地すべりの

前兆現象[注]を温泉旅館の社長（兼 建設会社の社長）が感じ、すぐに市役所・消防に連絡した。その後、依頼した建設コンサルタント会社による現地調査が迅速に行われ、その結果に基づき、市により避難勧告が発令された。米代川支川熊沢川（よねしろ）流域で、地すべり（約600万 m^3）に伴う土石流（50万 m^3）が発生し、澄川・赤川温泉の16棟を全壊・流失させたが、2軒の旅館の宿泊客ら53名は避難して、人的被害はなかった。また、田畑で農作業を行っている人などにも情報が伝わるよう、警察官や消防団員が1軒1軒まわって説明したため、住民は避難を決心した。なお、地すべりの原因は土砂の風化・亀裂の発達に加え、地形・降雨の影響で地下水位が上昇したことであった。

参考文献
＊今村文彦：秋田県熊沢川土石流災害に関する速報、自然災害科学、Vol.16、No.2、1997年
＊因幡章雄：希有の土砂災害とその対策、季刊 河川レビュー、27(3)、1998年

≪うまくいかなかった事例≫

①大雨時には、行政機関に大雨・洪水警報、土砂災害警戒情報、ダム放流情報などの情報が次々とファックス送信されてくるが、担当者は災害対応に忙殺され、情報が見落とされることがある。すなわち、豪雨・洪水時には情報の受領確認が行われていない場合もある。

②平成9年7月、鹿児島県出水市（いずみ）では災害前日に総雨量400mmの大雨が降ったため、市内全域に自主避難勧告を出し、災害対策本部を設置した。土石流発生の数時間前から地鳴りや河道水位の急激な低下といった前兆現象を住民は体験したが、雨がやんだこともあって、前兆現象を土石流に結びつけることなく、災害が発生した。土石流災害は針原川（はりはら）流域での約16万 m^{3}の土砂流出に伴って発生し、全壊18棟、死者21名、負傷者13名の被害を引き起こした。なお、2カ月前に発生した鹿児島県北西部地震（マグニチュード6.2）により、斜面の水みちが寸断されるなど、地震が土石

注）地すべりの前兆現象
　5月3日　　温泉の上部500mを水源とする飲料水の濁り
　5月7日　　舗装道路の亀裂
　5月8日　　露天風呂の横が崩れる、温泉の湯量が増加
　5月9日　　山に地割れ、河川脇の斜面に亀裂
　5月10日　 地すべりの発生
　5月11日　 土石流の発生

流に与えた影響もあったと考えられている。

参考文献
*①片田敏孝・児玉真・牛山素行：台風接近時の自治体対応における情報利用に関する実証的研究、河川技術論文集、第9巻、2003年
*②廣井脩：土砂災害と避難行動、砂防学会誌、Vol.51、No.5、1999年
*②中川一・高橋保・里深好文ほか：平成9年鹿児島県出水市針原川で発生した土石流災害について、京大防災研究所年報、第41号、B-2、1998年

☞ 今後教訓とすべき対応策

現象をよく観察することにより、前兆現象を把握することが重要である。しかし、それ以上に前兆現象を災害に結びつけて考えることが大事である。これがひいては迅速な避難命令や活動につながっていく。また最近公務員の減少により、職員は災害時も複数の任務を担当することが多いが、情報の収集・伝達は重要な任務であるので、専任の情報連絡担当員を配置すべきである。住民からの被害情報もこの担当員に一元化しておく。

リーダーによる統率
≪うまくいった事例≫

昭和40年9月に福井県の西谷村中島地区では、村の中心にある役場近くで、村長以下の村のリーダーが統率力を発揮した呼び掛けにより、住民約500人は寺の裏山へ避難した。その結果、台風24号と停滞前線（奥越豪雨、844mm/日：西谷村）に伴う土石流により144戸が流失または土砂に埋没したにもかかわらず、村民全員無事であった。

参考文献
*水谷武司：最近の災害事例にみられる避難の阻害および助長要因、防災科学技術研究資料、第29号、1978年

≪うまくいかなかった事例≫

平成25年10月に伊豆大島で台風26号（824mm/24h、122.5mm/h：既往最大）に伴う土石流災害が発生し、流木を伴った土砂流出により、死者・行方不明者39名、全壊50棟の災害となった（**写真3-9**）。災害発生前々日に台風の勢力（10年に一度の強い勢力）や進路予報が出ていて、予報・予想がほぼ的中していたにもかかわらず、災害発生前日から大島町の町長、

副町長が会議出席や公務で不在であったため、避難勧告・指示を出すことができなかった。また、大雨・洪水警報の発令後、都から自治体の態勢の報告を求める旨のFAXがあったが、町ではFAXを確認していなかった。

写真3-9 伊豆大島の土石流災害（砂防・地すべりセンター資料より）
豪雨に加え、斜面が急傾斜（30〜40度）で、もろい地質（溶岩流上の火山灰・スコリア（軽石））のため、表層崩壊または表層侵食が発生し、土石流となった。

☞ 今後教訓とすべき対応策

地域のリーダーの任務や発言は重い。したがって、リーダーが不在の場合、意思決定ができず、対応が不十分となる場合がある。逆に言うと、リーダーの統率力次第で災害を回避できる場合もある。特に市長などの行政のトップは、マスコミ等を通じて住民の前に姿を見せ、役所は頑張っていることを伝えると、住民は励まされ安心する。なお、ここで言う地域のリーダーとは市区町村長だけでなく、警察署長や国交省事務所長、町内会長や民生委員なども含まれる。

避難命令のタイミング
≪うまくいった事例≫
①市町村から避難勧告・指示が出されてから破堤するまでの時間でみれ

ば、名古屋市・庄内川支川新川（3時間35分）、新潟県三条市・信濃川支川五十嵐川（1時間35分〜2時間15分）など、破堤する前の早期に避難命令が出された事例があった。早めに避難命令が出されたのは、新川では計画高水位を超えていて、夜中になる前に発令する必要があったからである。五十嵐川では豪雨に対して早く発令されたが、激しい雨音などで住民に十分伝わらなかった（最後の事例はうまくいかなかった事例）。

②高知県本川村（ほんがわ）では台風5号（昭和50年8月、仁淀川（によど））による豪雨（119mm/h：高知県鏡村）に対して、村役場は気象情報などから台風に伴う豪雨を予想し、いち早く避難指示を出すとともに役場職員や消防団員が各戸を巡回して避難を徹底させた。その結果、全村480戸のうち57戸が被災したにもかかわらず、死者・負傷者は1名も出さなかった。

③熊本県は阿蘇市（土石流）や熊本市（氾濫被害）が被害を受けた平成24年7月、九州北部豪雨災害を教訓にして、平成25年度より夜間の大雨が予想された時には、明るいうちに避難を促す「予防的避難」を始めた。

1) 80mm/h以上を予測
2) 70mm/h以上かつ250mm/24h以上を予測
3) 台風の影響が懸念
4) 市町村長が必要と判断

の何れかに該当すれば、市町村が昼間から避難所を開設することとした。平成26年7月の台風8号では、県内45市町村の約3,500世帯、約5,000人が予防的避難を行った。

参考文献
＊①吉井博明・田中淳編：シリーズ災害と社会③ 災害危機管理論入門、弘文堂、2008年
＊②水谷武司：水害対策100のポイント、古今書院、1985年
＊③読売新聞：2014年8月30日朝刊

≪うまくいかなかった事例≫
①平成27年9月の鬼怒川水害では、茨城県常総市は国交省や住民からの水位情報などに基づいて、多くの地区に避難勧告・指示を出したが、上三坂地区（かみみさか）の破堤箇所近くの地区には破堤前までに出されなかった。

②福井水害（平成16年7月）では13時35〜45分頃、九頭竜川支川の足羽川（あすわ）が福井市木田地区の春日1丁目付近で越水破堤した。足羽地区に避難勧告が出されたのは13時25分、足羽・木田・豊地区などに避難指示が出さ

れたのは 13 時 34 分という破堤の直前であった。

③土砂災害の例であるが、伊豆大島の土石流災害（平成 25 年 10 月）では大島町から避難勧告・指示が出されなかったし、広島市の土砂災害（平成 26 年 8 月）では土石流災害発生後に避難勧告が発令された（**写真 3-10**）。

写真 3-10　広島の土砂災害（内閣府資料より）

夜中に豪雨・土石流が発生したため、屋内にいて家屋の倒壊により死亡した人が多かった（位置的には阿武山の南東～南側の麓が多かった）。流出土砂量（約 50 万 m³）はそれほど多くなかったが、山裾に住宅地が多かったために被害が大きくなった。

☞ **今後教訓とすべき対応策**

　発令基準とも関係するが、市区町村は面的に収集した降雨・水位・氾濫情報や予測結果に基づき、住民が迅速で安全な避難ができるよう、躊躇せず早めに避難勧告・指示を出すようにする。災害発生時間帯によっては、予防的避難も有効となる。

避難命令の伝え方
≪うまくいった事例≫

　①331.5mm/日（浜田）の豪雨に伴う山陰水害（昭和 58 年 7 月）時には、島根県三隅町において、大雨・洪水警報が断続的に発令され、町長はなみ

大抵の避難命令では効果がないと判断して、非常事態宣言を3回繰り返した。放送は防災行政無線で50回にわたって行われ、放送局が浸水した後は町民のアマチュア無線を利用して情報収集・伝達を行った。その結果、宣言発令の3時間後に濁流が町を襲ったが、町民600人全員が避難を完了していたため、難を免れた。

②切迫感を持って避難命令を伝えられた事例として、東日本大震災（平成23年3月）時の茨城県大洗町の事例がある。大洗町では、防災行政無線で「緊急避難命令、緊急避難命令、至急高台に避難せよ！」と放送し、繰り返しサイレンを鳴らして、大津波が来ることを住民に知らせた結果、4mを超える津波で265棟が全半壊したが、津波による死者は1名も出なかった。

参考文献
＊①自治省消防庁：昭和57年7月及び8月豪雨災害対策調査報告書(2)、1984年

≪うまくいかなかった事例≫
①台風23号（平成16年10月）に伴う242mm/24h（立野上流域）の豪雨により、兵庫県豊岡市の円山川および支川出石川では破堤災害が発生した。豊岡市の防災行政無線（同報系）による避難命令では具体的な水位状況が伝えられず、丁寧な口調のため緊迫感がなかったため、住民に危機意識は生まれず、約6万人の住民に避難勧告・指示が出されたが、避難率は約1割と低かった。

②集中豪雨（187mm/h）による長崎水害（昭和57年7月）では、土石流が多発するとともに、低地では浸水被害や地下水害が発生した。4回にわたる大雨・洪水警報発令時には被害は発生せず、5回目の発令時に住民が対応しなかったために被害が拡大した。4回目までは午前中の発令であったが、5回目は夕方のあわただしい、暗くなる前の時間における発令であったことも影響したと言える。なお、下表中の（　）内は長崎地方気象台における日雨量と日最大時間雨量を表している。

1回目	7月11日	6時15分：大雨・洪水警報（131.5mm/日、33.0mm/h）
2回目	7月13日	8時15分：大雨・洪水警報（ 47.5mm/日、15.5mm/h）
3回目	7月16日	9時25分：大雨・洪水警報（ 21.0mm/日、 7.0mm/h）
4回目	7月20日	6時20分：大雨・洪水警報（243.0mm/日、30.5mm/h）
5回目	7月23日	16時50分：大雨・洪水警報（448.0mm/日、127.5mm/h） →19時以降に主要な災害が発生した

参考文献
＊①水害サミット実行委員会事務局編：被災地からおくる防災・減災・復旧ノウハウ、ぎょうせい、2007年

☞ 今後教訓とすべき対応策

　住民の避難を促すには、最も伝えたいことを、簡潔に、かつ切迫感を持って言う必要がある。重要な内容は2回繰り返し、1回目は抑揚をつけて、2回目は聞き取れるように発声する。次に必要に応じて洪水や氾濫の状況を具体的に説明するようにする。また、市町村合併により管轄面積が広くなった場合、災害時は各支所に地域本部を設置し、避難命令の発令は支所の地域本部長の判断で行うようにする。このことは地域防災計画にも記載しておくことが望ましい。

避難所・避難路情報

≪うまくいった事例≫

　宮崎県延岡市の五ケ瀬川および支川大瀬川では、台風7号（平成5年8月）に伴う214mm/6h（中上流域）の豪雨により洪水が発生し、計画高水位を突破したが、避難誘導者が避難誘導時に避難所の配置図を記載したパンフレットを住民に配付した結果、5,000名以上の住民が避難勧告発令後30分以内に避難することができた。延岡市では毎年、市内の全世帯に避難所の配置図を記載したパンフレットを配付していたが、周知されていないことも考えて、洪水時に再度配付した。避難所情報以外に、市・警察・消防が連携した効果もあった（防災危険箇所点検連絡会議（市・警察・消防）や災害対策本部（市・警察）における連携）。

参考文献
＊建設省土木研究所（末次）によるヒアリング結果、建設省延岡工事事務所提供の資料

≪うまくいかなかった事例≫

平成 21 年 8 月、兵庫県佐用町では大雨（326.5mm/24h：佐用）に対して、幕山団地の住民 11 名（3 家族）が指定避難所の幕山小に向かって、暗闇の中を自主避難した。幕山小は高台にあったが、避難路の途中の標高は低く、千種川支川幕山川の 3 カ所からの越水氾濫流が集中する区間があり、道路沿いの農業用水路近くを避難中に氾濫流により用水路に流され、9 名が犠牲となった（図 3-4、写真 3-11）。

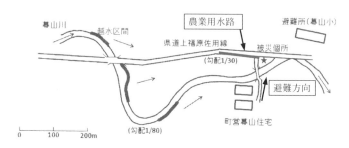

図 3-4　幕山川からの氾濫状況と住民避難

出典）「末次・橋本：2000 年代に発生した水害から得られた教訓、水利科学、2013 年」に加筆した

写真 3-11　避難者が流された農業用水路
図 3-4 で農業用水路を左から右に見ている（フェンスは災害後に設置された）

参考文献
＊末次忠司・橋本雅和：2000 年代に発生した水害から得られた教訓、水利科学、第 57 巻、第 2 号、2013 年

☞ 今後教訓とすべき対応策

　最寄りの避難所を知らない住民も多いので、台風などの時間的に余裕がある場合は、避難所情報を今一度徹底することが大事である。また、避難所へ行くのに、標高の低い道路（特に氾濫水が集中しやすい道路）を通らなければならない地域では、他の避難所・避難路について検討し、住民に周知しておく必要がある（対応としては事前の対応と、洪水時の対応が考えられる）。

広域避難
≪うまくいった事例≫
　昭和61年11月の伊豆大島の三原山噴火では、従来の噴火口に加えて、新たな11カ所からの噴火により、危険が迫ったため約1万人が全島避難を行った。避難にあたっては、町役場、警察の他、地元の大島町消防団（約500人）が活躍した。島に消防署もあったが、消防署は救急搬送が主で、消防活動や人命救助は消防団が主たる役割を担っていた。噴火時は島内の各分団が危機意識のなかった住民を説得し、避難船が到着する港へ誘導した。その結果、観光客を含む約1万人を港へ安全に避難させ、噴火から約13時間後に全員船による避難を完了させた。噴火から1カ月後に、噴火の安全が確認され、帰島が行われた。

≪うまくいかなかった事例≫
　平成27年9月の鬼怒川水害（317mm/48h：栃木・小山）では、茨城県常総市が住民に市内の避難所への避難を勧めるあまり、地区によっては浸水域への避難を促す結果となった。これは災害対策基本法上、避難活動は市町村に一義的な責任があると定められていることによるものであった。

☞ 今後教訓とすべき対応策
　「避難所・避難路情報」の項で前記した宮崎県延岡市の事例と同様、市町村が警察・消防と連携して避難活動にあたれば、効果的で強力な活動となる。避難の必要性を認めない住民、避難を決断できない住民が必ずいるので、時間が許せば個別に説得したり、誘導することが必要である。洪水や氾濫により、有効な避難所・避難路が変わることがあることを事前に住民に周知するとともに、洪水時には再度情報を徹底する。また、氾濫規模が

大きい場合や、浸水範囲によっては他の市町村への避難も検討する。事前に隣接する市町村と協議しておく必要がある。

　以上、本章で示した「今後教訓とすべき対応策」のうち、主要な 13 の要点を箇条書きにまとめると、以下のとおりとなる。これらは危機回避のためのノウハウの概要集である。
　① 状況によっては、ダムによる臨機応変な緊急放流を行って洪水調節を行う。
　② 資材の備蓄とともに、緊急車両専用の道路についても検討しておく。
　③ 氾濫被害の拡大を防止するには、氾濫原（流域）管理の観点で、対応を判断する。
　④ 防災訓練は継続性があり、かつ実践的な訓練とする。
　⑤ 洪水流下能力や氾濫原特性から見た水害危険性を住民に周知する。
　⑥ 防災情報の伝達では、情報が確実に伝わるように工夫するとともに、住民が能動的に情報をとれる仕組みが必要である。
　⑦ 遭遇している現象や前兆現象を的確に把握するとともに、それを災害に結びつけるトレーニングを行うことが重要で、そのためには現場をつぶさに見ておく。
　⑧ 洪水・災害時の状況下で、フェーズ、空振りと見逃し、降雨・洪水状況、要配慮者から考えて、どう対応するかを、その場で判断する必要がある。
　⑨ 担当者はメディアトレーニングを行って、マスコミ対応のスキルを習得しておく。洪水・災害時にはマスコミに災害対策本部外で定時に情報提供を行う。
　⑩ 避難命令の発令は雨量、水位、警報等を組み合わせて、判断する。
　⑪ 住民の避難を促すには、最も伝えたいことを簡潔に、かつ切迫感を持って言う必要がある。
　⑫ 台風などでは避難所情報を今一度徹底するとともに、標高の低い避難路については住民に注意喚起を行う。
　⑬ 避難活動は市・消防・警察が連携して行うと、効果的で強力な活動となる。また、避難しない住民がいるので、個別に説得したり、誘導する必要がある。

第4章
減災対応の視点

● 豪雨、内水、洪水、破堤、氾濫拡大、復旧、復興など、それぞれのフェーズに対して、国・県・市が対応策を考える

　水害への対応の仕方は、被災の程度や行政機関の体制により異なるが、更に水害の進行のフェーズに対して考えておく必要がある。例えば、内水が発生した場合、内水排除を行うとともに、必要に応じて避難勧告を発令して、避難活動を促す必要がある。しかし、破堤災害が発生すると、更に危機回避的な対応が要求され、市区町村は避難活動を本格化させ、河川管理者は堤防の仮締切りを行う、氾濫拡大防止のための氾濫流制御を行うなど、氾濫被害の拡大を最小限にする多種多様な活動を行うこととなる。以上よりわかるように、大水害と小水害への対応を分けて考えることも必要である。

　表4-1には、豪雨発生から氾濫拡大までの各フェーズに関する対応を示した。表のうち、緊急速報メールは災害・防災情報を一斉配信できるメールで、通信に制御信号が使われ、遅延がないのが利点である。しかし、情報発信手段にはそれぞれ長所・短所があるので、様々な手段を組み合わせて、情報発信するメディアミックスが望ましい。避難路は限られた情報では誤った避難路情報を示す場合もあるので、状況に対して慎重に出す必要がある（氾濫状況により、逆方向の避難路が適する場合がある）。そのため、表4-1の「破堤」および「氾濫拡大」の過程では「場合によっては」としている。また、表中の災害対策資器材検索システムは国土交通省北陸地方整備局などで整備されているシステムで、資器材の数量・保管場所などが示されているほか、水防倉庫、土取場などが示されている。

　また、水害発生直後のフェーズでは、職員が参集途中で見聞きした情報、庁舎の屋上から見られる情報、偵察班が収集した情報、消防本部の高所カ

メラから得られる情報、県の防災ヘリの映像などを積極的に集め、また関係機関へも本部から連絡して生の情報を取得し、それらの情報と、テレビなどメディアやインターネット、国・県・他の市区町村などから得られる外部からの情報を逐次総合しながら、応援要請が必要な事態なのかどうかなどを、市区町村のトップが直接考える[*]。

参考文献
[*] 吉井博明・田中淳編：シリーズ災害と社会③ 災害危機管理論入門、弘文堂、2008年

表 4-1 フェーズごとの対応

<table>
<tr><th rowspan="2">過程</th><th colspan="2">情 報 発 信</th><th colspan="2">災 害 対 応</th></tr>
<tr><th>発信内容</th><th>発信手段</th><th>対応内容</th><th>対応手段</th></tr>
<tr><td>豪雨</td><td>大雨注意報・警報
記録的短時間大雨情報
大雨特別警報
避難準備情報^(注)
（土砂災害警戒情報）</td><td>テレビ・ラジオ
広報車、HP
防災行政無線
緊急速報メール</td><td>河川パトロール
洪水状況</td><td>パトロール車
CCTV（監視テレビ）など</td></tr>
<tr><td>内水</td><td>浸水地域、浸水深
避難勧告</td><td>〃</td><td>内水排除
避難活動</td><td>ポンプ車
可搬型ポンプ
避難所開設</td></tr>
<tr><td>洪水</td><td>洪水注意報
洪水・水防警報
避難指示、避難所</td><td>〃</td><td>水防活動
避難活動</td><td>災害対策資器材検索システム
避難誘導</td></tr>
<tr><td>破堤</td><td>破堤箇所
避難指示、退避命令、
避難所、場合によっては
避難路</td><td>テレビ・ラジオ
広報車、HP
防災行政無線
緊急速報メール
ヘリコプター
（風雨弱い時）</td><td>避難活動
堤防の荒締切り、仮締切り</td><td>ボート、水陸両用バギー、ヘリコプター、緊急輸送路の確保、資器材調達</td></tr>
<tr><td>氾濫拡大</td><td>破堤箇所、氾濫域
避難指示、退避命令、
避難所、場合によっては
避難路</td><td>〃</td><td>避難活動
氾濫流制御</td><td>ボート、水陸両用バギー、ヘリコプター、緊急排水路</td></tr>
</table>

（災害の進行 →）

　災害が進行する各フェーズで、災害・防災情報を迅速かつ確実に収集・伝達することは重要である。特に近年IT技術が発達し、防災・減災に活用

注）法律上の規程はないが、避難準備情報は、地域防災計画等で避難に時間を要する要配慮者に、避難を開始することを促す情報である。

可能な技術が出てきている。総務省は「防災・減災等に資するICTサービス事例集[注]」を作成している。これはIT関係の企業が行い、利活用されている防災・減災のための74事例を網羅したものであり参考となる。このうち、減災対応の参考になりそうなものをいくつか列挙すると以下のとおりである（図4-1）。

緊急速報メール連携システム（富士通）	Jアラート（消防庁）から送られる気象情報や国民保護情報（武力攻撃や大規模テロが迫っている時、注意を呼び掛けるための情報）を携帯電話キャリア（docomo、KDDI、ソフトバンク）の緊急速報（エリア）メールやEメール、メーリングリストなど多様なサービスに一括送信するシステムである。
J-anpi（NTT、NHK、NTTレゾナント）	大規模災害時に様々な企業・団体が保有する各種安否情報をまとめて検索、確認できるweb共同サイト。
IBMインテリジェント・オペレーション・センター（日本アイ・ビー・エム）	上下水道、交通、電気といった都市に関わる横断的な情報をリアルタイムに一元的に把握し、予測情報に基づいて意思決定を行うなど、安全を守り、対応力を高める。
クラウド型危機管理情報共有システム　SAVEaid（日本ユニシス）	市町村の災害対策本部に情報の収集・整理の仕組みを提供し、災害時の混乱した状況での意思決定を支援する。一覧画面による情報把握や自動集計機能を用いた情報分析により、時間・コストを削減できる。

注）総務省：防災・減災等に資するICTサービス事例集
　　http://www.soumu.go.jp/main_content/000203203.pdf（2016.4.18閲覧）

> 緊急速報

5. 緊急速報メール連携システム（富士通）

● Jアラートから送られる気象情報や国民保護情報を携帯電話キャリア（docomo、KDDI、ソフトバンク）の緊急速報（エリア）メールやEメール、メーリングリストなど多様なサービスに一括送信。

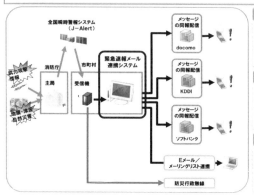

導入の背景
- 多様な手段で緊急情報を伝えたい。
- キャリア毎の操作を簡略化したい。
- 迅速・正確に住民へ伝えたい。

導入の効果
- Jアラート情報から自動で送信。
- Eメールやメールマガジンにも送信。
- 休日や夜間等、職員不在時の際でも住民へ情報を送信。

導入の実績
- 東日本大震災の被災地域の地方公共団体を中心に引き合い多数。

> 安否確認

6. J-anpi ～安否情報まとめて検索～（NTT、NHK、NTTレゾナント）

● 大規模災害時に様々な企業・団体が保有する各種安否情報を、まとめて検索、確認できるWeb共同サイト「J-anpi ～安否情報まとめて検索～」の提供を開始（2012年10月1日）

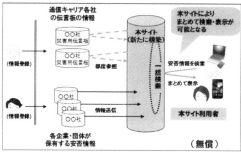

導入の背景
- 東日本大震災では通信事業者、報道機関、各種企業団体が安否情報を収集・提供
- 一方、各安否情報が点在した為、利用者が迅速に確認できないという課題が浮き彫りとなった

導入の効果
- 通信キャリア各社が提供する災害用伝言板の安否情報に加え、報道機関や各企業・団体が収集した安否情報もまとめて確認できる新たな共同サイト「J-anpi」により各種安否情報を横断的に一括で検索が可能となった

導入の実績
- スタート時点で、10社12種類の情報が一括で検索可能
- 今後、参加する企業・団体・自治体等を広く募り、検索対象となるデータを拡充と利用者にとってより使いやすく、いざというときに役立つ共同サイトへと拡充を図る

図 4-1　ICT サービスの事例(1)

災害情報管理(被害予測)
10. IBM インテリジェント・オペレーション・センター(IOC) (日本アイ・ビー・エム)

●上下水道、交通、電気といった都市に関わる状況を一元的に把握し、予測情報に基づいて安全を守り対応力を高める。

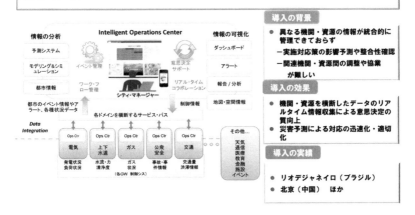

災害情報管理(情報収集)
14. クラウド型危機管理情報共有システム SAVEaid/セーブエイド (日本ユニシス)

●市町村の災害対策本部に情報の収集/整理の仕組みを提供し、災害時の混乱した状況での意思決定を支援
●クラウド(SaaS)型での提供により、従来の構築型システムよりも圧倒的な安価でサービスを提供

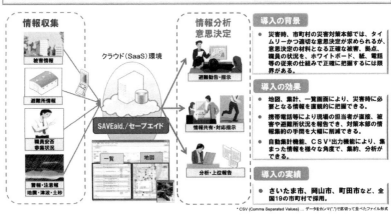

図4-1 ICTサービスの事例(2)

● 平常時にできないことは、災害時にはもっとできない

　災害時、市区町村などの行政機関は災害対応に忙殺され、住民・マスメディア対応もあるので、なかなか平常時のような冷静な対応をすることは難しい。そこで、事前に災害対応のシナリオをたてておく。例えば、庁舎が浸水して使えない場合、職員の参集が十分でない場合、道路が浸水して広報できない場合などを想定して、その際、職員がどう分担して、どう対応するかについて考えておく。また、そのような厳しい条件下で訓練を行っておく必要がある。

　危機発生時の対応例を以下に示す。

・庁舎が浸水（被災）して使えない⟶庁舎の２階以上を使用する、または別庁舎で業務を行う（事前に想定しておくのがよい）[注1]。
・庁舎のライフラインの停止⟶自家発電機の作動、電源車・給水車・衛星携帯電話[注2]の調達。
・職員の参集が十分でない⟶OB職員（役所、消防、警察）の活用、自宅・出先にいる職員にはその地域の情報収集・伝達および対策などを行ってもらう（詳細は第6章の「効果的な対応策」を参照のこと）。
・道路が浸水して広報できない⟶ボートやドローンを活用する。防災行政無線も活用できるが、雨音などで情報が聞きとれない場合も多い。また、町内会長や自主防災組織等を通じて、情報を伝達してもらう。
・コンビニエンス・ストアやガソリン・スタンドを地域の防災拠点に活用する方法もある：この場合、事前に協定等を締結しておく必要がある。

　災害時に対応できるよう、防災訓練は抜き打ち（内容を知らせない）で行い、想定される状況をカードに示して、分担に応じてどう対応するかを各自が考える。水防訓練などでは、何年かに一度は雨の中や夜に訓練を行

注1）　熊本地震（平成28年4月）では、熊本県益城町、宇土市、八代市、人吉市、大津町の5市町で庁舎の損壊等のため、庁舎が使用不能となり、別館や他の公共施設に機能を分散して業務が行われた。なお、5庁舎のうち4庁舎が現行の耐震基準を満たしていなかった。
注2）　山間部で孤立した場合に衛星携帯電話は有効であるが、衛星携帯電話にかける場合、国際電話へ発信する設定が必要な携帯電話があるので、その手続きを行っておくか、または国際電話への発信とならない機種を採用する。

うようにするとより実践的となり、災害時に問題なく対応できる。
　行政機関だけでなく、住民も平常時と災害時における状況の違いを知っておく必要がある。人命や建物に被害がおよびそうな水害は河川からの氾濫によるものであるので、平常時に最寄りの河川や、多少遠いかもしれないが、大河川まで歩いて行ってみて、河川と自宅との距離関係を感覚的に知っておくとよい。大河川までの距離を氾濫水の伝播速度（例えば 1km/h）で割ると、おおよその到達時間が得られ、これが避難時のリードタイムとなる。また、夏休みに子供と一緒にプールへ行ったら、「流れるプール」へ入ってみよう。この時の感覚が浸水中の歩行感覚に近い。流速が 50cm/s を超えると、流れが思った以上に速いことを実感できる。
　このように、平常時に「もし、○○になったら」とか、「○○が△△したら」という状況の変化を考えて、その時にどう判断し、どう行動するかについて常日頃から考えておくことが、災害時の対応に役立つと考えられる。最後に、避難時の対応に関しては、第 6 章「減災に効果的なリスク対応力」にも記載しているので参照されたい。

●空振りは許されても、見逃しは許されない

　市町村は避難勧告・指示を出す場合、水害が発生しなかったときの責任や住民の混乱を恐れて、発令することを躊躇する傾向がある。しかし、発令を躊躇したために、発令する前に災害が発生してしまうことがある。当然ながら、避難勧告・指示が遅れて破堤により多数の犠牲者が出ること（見逃し）よりも、被害が発生せずに避難した住民から苦情が出される（空振り）の方がよいと考えられる。
　田代の研究[*]によれば、大分県竹田市の被災者を対象としたアンケート調査結果では、想定される豪雨災害に対して、「必ずしもあたらなくても避難勧告・指示を出した方がよい」に賛成または賛成に近い回答が 88％で、「当たらないのであれば、避難勧告・指示は出さない方がよい」に賛成または賛成に近い回答の 9％を大きく上回っていた（全サンプル数 231 名）。すなわち、住民は防災のための対応が空振りとなることには寛大であっても、見逃しには厳しい見方をする。
　行政機関が災害の見逃しを少なくするためには、
・状況をモニターする雨量計、水位計、CCTV（監視テレビ）などを多

数設置し、
- 担当する専任情報連絡担当員を定め、
- (仮でも良いので) 災害対策室を設け、
- 対策室で、雨量・水位のモニター、テレビ、インターネットを一遍に見られるようにして、
- 多面的にかつ (現地職員を含め) 多くの地域から情報を集め、
- 住民からのツイート情報、前兆現象にもアンテナをはり、
- 些細な情報にも気を配りながら、災害に結びつかないかどうかを検討し、
- 部署間で情報を共有するために、得られた情報をホワイトボードにはりつけていく。
- 情報が更新された場合、更新時間も記入しておく。

ことを行うことが肝要である。

ちなみに、気象庁・気象台と都道府県により出される土砂災害警戒情報[注]は、見逃しを少なくするよう、安全側で評価・公表されているため、災害発生率 (的中率) は低い。すなわち、平成20年3月に全国で運用開始され、平成23年までの4年間でみて、全国を約1,700に分割した各地域 (市町村で分割しているため、年によって地域数は異なり、現在は約1,200地域) で、1地域当り0.5～1回／年発表されていた (表4-2)。発表前後1時間以内の災害発生率は2～4％で、災害が発生した時に土砂災害警戒情報を発表していた災害捕捉率は70～82％ (残りが見逃し率) であった。このように、見逃しを少なくするように評価・公表されているため、ある程度はあたらなくても仕方ないと考えておくべきである。

表4-2 土砂災害警戒情報の発表状況

項 目	平成20年	平成21年	平成22年	平成23年	平均
発表総数	1,012	906	895	1,442	1,064
地域当りの発表回数	0.58	0.52	0.51	0.98	0.63
災害発生率 (％)	2.3	3.8	4.0	3.8	3.5
災害捕捉率 (％)	71.9	69.4	73.5	82.1	75.1

出典）気象庁資料「土砂災害警戒情報の運用成績」

注）3段のタンクモデルを用いて、計算した「降水量－(流出量＋浸透量)」であるタンク内の貯留量の合計を土壌雨量指数として評価している。なお、計算では場所ごとに異なる地形・地質特性は考慮されておらず、全国一律の値が採用されている。

参考文献
＊田代敬大：竹田市における被災状況と住民意識、「1990 年 7 月九州北部豪雨による災害の調査研究」、1991 年
＊気象庁資料「土砂災害警戒情報の運用成績」
　http://www.jma.go.jp/jma/kishou/know/dosya/24part1/24-1-shiryo3.pdf（2016.4.18 閲覧）

● 雨の降り方や洪水の出方を見ながら対応策を考える

　減災対策を考える場合、一律ではなく降雨や洪水の状況に対応した対策をとる必要がある。本節では降雨としては積乱雲による豪雨、台風・前線による豪雨を代表例とし、洪水は大河川の大洪水、都市河川の都市洪水に着目して、それぞれの対応策について述べる。なお、降雨量・警報に対応した避難行動については、第 6 章「減災に効果的なリスク対応力」に示した。

局地的集中豪雨：都市水害が多い

　流下能力の低い小河川、水路、下水道からの溢水や、内水氾濫が発生する。大水害とはならないが、標高の低い地域などでは、浸水深が高くなり、窪地状の地形も要注意である。周囲より低い窪地状の JR 博多駅周辺で発生した福岡水害（平成 11 年 6 月）では、77mm/h の豪雨により外水氾濫と同程度の上昇速度 20cm/10 分の内水氾濫（下水道からの氾濫）が発生するなど、内水といっても油断することはできない（図 4-2)。

　平成 20 年 8 月の東京都豊島区・雑司ヶ谷の幹線下水道の再構築（内面被覆）工事の現場で、5～6mm/5 分の豪雨により、作業員 6 名が下水道に流され 5 名が死亡した。平成 16 年 10 月の東京都港区の下水道工事で豪雨により作業員 1 名が死亡したことを受けて、東京都は大雨・洪水警報が発令された場合、工事を中止して退避するように通達した。今回の事故は大雨注意報が発令されて 5 分後に発生したものである。大雨警報に切り替わったのは約 1 時間後で、都が定めた退避の限界が露呈した。

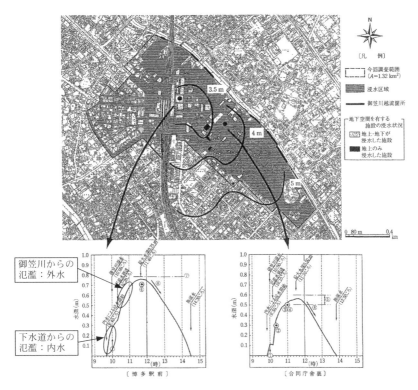

図 4-2 浸水位の上昇速度（JR 博多駅周辺）
出典） 福岡県資料を著者が修正・加筆した

長時間豪雨：大規模土砂災害や水害になる危険性がある

　台風または台風が刺激した前線により、豪雨が長時間継続し、1,000mm を超えるような長時間豪雨となる。平成 23 年 9 月の紀伊半島水害では、台風 12 号により熊野川流域で 2,000mm 以上の豪雨となり、深層崩壊（表層より 2m 以深の崩壊）等の斜面崩壊が発生し、半島全体の崩壊土砂量は約 1 億 m^3 [注] に及び、17 カ所で崩壊土砂による河道閉塞が発生した（**写真4-1**）。このように豪雨が長時間続くと、地盤が緩んで流動しやすくなり、広範囲に土砂災害を発生させることがある。長時間豪雨には、ほかに徳島

注）全国における年間土砂流出量の約半分で、阪神大水害（昭和 13 年 7 月）の 500 万 m^3 の 20 倍、広島の土石流災害（平成 26 年 8 月）の 50 万 m^3 の 200 倍の土砂が流出した。

写真 4-1　熊野川（奈良県五條市赤谷地区）における河道閉塞（奈良県資料より）
約 900 万 m³ の土砂が崩落して、河道を閉塞させた。

県神山町の 1,243mm（平成 16 年 7 月の台風 10 号）、九州南部の 1,200mm 以上（平成 22 年 7 月の梅雨前線）、九州南部の 1,000mm 以上（平成 17 年 9 月の台風 14 号、平成 19 年 7 月の台風 4 号）、新潟の 1,006mm（平成 23 年 7 月の前線）などの事例がある*。台湾南部では平成 21 年 8 月に台風 MORAKOT により 3,000mm 以上の豪雨が発生した。

参考文献
*末次忠司：実務に役立つ総合河川学入門、鹿島出版会、2015 年

　長時間豪雨を引き起こす主要な原因が台風である。台風は本体だけでなく、本体が来る前に先行性降雨があるため、長時間豪雨となる。平成 25 年 11 月にフィリピンを襲った大型台風・ハイエンは、死者 2,300 名以上、10 億円以上の経済的損失をもたらした。日本においても、大型台風が大きな水害被害をもたらしている。台風規模を表す指標には最低気圧と最大風速がある。最大風速は場所により大きく異なるため、上陸後の最低気圧で見ると、正式な統計がとられ始めた昭和 26 年以降では、①第二室戸台風、

②伊勢湾台風、③平成 5 年 9 月の台風 13 号、④ルース台風、の順で最低気圧が低かった（勢力が強かった）（**表** 4-3）。被災状況もあわせて見ると、どの台風が最強台風かを決定することは難しいが、第二室戸台風と伊勢湾台風は日本を代表する大型台風であったと言える。ちなみに、伊勢湾台風では 5,098 名が犠牲となり、5,050 億円の経済的損失がもたらされたが、第二室戸台風では室戸台風（昭和 9 年）の教訓などもあり、台風規模に比べると、それほど大きな被害とはならなかった。

表 4-3　昭和 26 年以降の最低気圧が低い台風

上陸年月	昭和 36 年 9 月	昭和 34 年 9 月	平成 5 年 9 月	昭和 26 年 10 月
台風名	第二室戸台風 ：台風 18 号	伊勢湾台風 ：台風 15 号	台風 13 号	ルース台風 ：台風 15 号
最低気圧	①925hPa	②929hPa	③930hPa	④935hPa
最大風速	66.7m/s ：室戸岬	45.4m/s ：伊良湖（愛知）	50.0m/s ：鹿児島	69.3m/s ：細島（宮崎）
被災家屋棟数	446,021	557,501	－（不詳）	210,937
全壊・流失棟数	15,238	40,838	336	24,716

大洪水（洪水継続時間の長い洪水）：大水害が発生する危険性が高い条件

　流域面積が大きくない河川が多く、一般的には洪水継続時間は短いが、豪雨の状況によっては長い継続時間の洪水となる場合がある。したがって、今後洪水位が下がるか、また上がるかを見極めることは容易ではないが、洪水位は降雨量に呼応するので、予測降雨量に注目しておく。昭和 51 年 9 月の長良川では、5 日間に及ぶ未曾有の長時間洪水により、岐阜県安八町で湿潤による漏水破堤（破堤幅 80m）が発生し、17km^2 が浸水する被害となった（図 4-3）。洪水継続時間が長いと、浸透により堤体が弱体化して破堤するなど、大水害になる危険性が高くなる。また、河道・洪水特性により、同じような洪水が発生することがある。長良川では昭和 51 年 9 月の洪水で、降雨ピーク（岐阜）から洪水ピーク（墨俣）までが約 10 時間であった。昭和 34 年 9 月、昭和 35 年 8 月、昭和 36 年 6 月の洪水でもピーク間時間は 10〜11 時間であり、警戒水位以上の洪水継続時間は何れも約 21 時間（昭和 36 年 6 月を除く）であった。

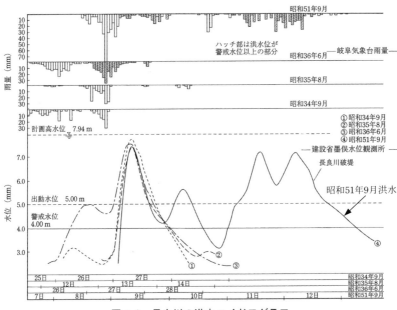

図4-3　長良川の洪水ハイドログラフ

　洪水が長時間に及ぶと、浸透水により堤体が湿潤状態となり（飽和度が高くなり）、せん断強度が低下するので、のり滑りが起きやすく、透水係数が高くなり、漏水が噴出しやすくなる。

　一方、湿潤した堤体の重量は増大するので、負荷が大きくなり堤体が崩れやすくなる。これらの影響により、最悪浸透破堤が生じる。また、洪水位が高いと越水破堤の危険性も高くなる。

都市洪水（洪水位上昇速度の速い洪水）：時間的に対応が最も厳しい条件

　第2章の「洪水等の特性」で示したように、小河川ほど洪水の発生は早い。特に都市河川では雨水流出が早いので、降雨ピーク～洪水ピークの時間が短い（降ってから直ちに洪水になる）。また、早い段階で避難命令を出すのが基本であるが、都市の中小河川では水位上昇が速い[注]ので、越水前に避難できるように発令するには発令時の水位がまだ低いと、住民が危険

注）洪水位上昇速度は大河川で速くて4～5m/hであるが、都市内中小河川では10分間で2m以上上昇する場合がある。

第4章　減災対応の視点

性を感じず、避難しないことが起こるので、適切な発令タイミングとする必要がある（図 4-4）。そのためには堤防高を高く（または河積を広く）するか、避難所要時間を短くする必要がある。前者は多大な時間と費用を要するので、後者が現実的であり、時間を短くする方法としては、

［事前対策］
・人口の多い住宅地に近い場所の避難所を指定する。難しい場合は近隣の高層ビルや病院等を一時避難所とする[注]
・アマチュア無線クラブへの情報伝達に関する協力依頼
・住民意識の啓蒙：住民参加型防災訓練の実施、住民参加型防災マップの作成、防災・減災講演会への参加
・住民の対応としては、洪水ハザードマップなどを見て、最寄りの避難所を確認しておくとともに、安全な避難路を調べておく
・家族同士が連絡をとれるようにしておく

［豪雨・洪水時対策］
・降雨・洪水・災害情報はもとより、ツイッター情報等も活用して、被災状況を迅速に把握する
・防災行政無線（各戸）や衛星携帯電話を、町内会長宅や自主防災組織のトップ宅に配備する。緊急速報メール等を活用して、情報伝達を速くする
・CATV（ケーブルテレビ）、コミュニティ FM、ミニ FM などを通じて、地域に密着した情報を早期に提供する。近くの親戚や周辺住民などの口コミ情報も、時として有効な場合がある
・住民の対応としては、避難判断を早くする、または家財の移動を最小限にする
・家族同士の連絡で災害用伝言ダイヤル "171" の活用も有効である。災害発生時に、電話が輻輳後に開始され、1 伝言につき 30 秒以内録音され、1～20 伝言が蓄積できる。なお、洪水時は電話よりもメールの方がつながりやすい

などの方法がある。図 4-4 における破線はフィードバックするプロセスを示している。

注）農村部で公共の建物が少ない流域では、民家を一時避難所に指定している場合がある。また、宮城県沖地震（昭和 53 年 6 月）では、マンションに避難してきた被災者が、階段の踊り場に長期間居座った事例がある。

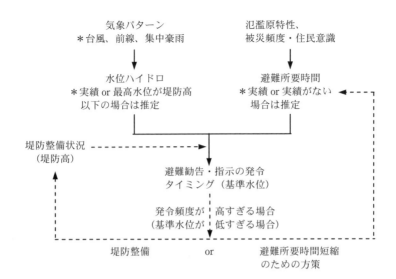

図4-4 避難勧告・指示の発令タイミング（基準水位）の決定フロー
出典）末次忠司・菊森佳幹・福留康智：実効的な減災対策に関する研究報告書、
河川研究室資料、2006年

参考文献
＊末次忠司・菊森佳幹・福留康智：実効的な減災対策に関する研究報告書、河川研究室資料、2006年

　今後どのような降雨・洪水になるかを知るため、降雨・洪水予測を行い、それに基づいて、対応策を検討することが多い。予測降雨は1時間先であれば、ある程度の予測精度を有しているが、3時間以上先だと予測の精度が落ちてしまう。迅速で確実な対応を行うには、3時間以上先の情報が有益であるので、両者のバランスを考えて検討する必要がある。なお、洪水予測では当時の実績水位等の洪水状況から求めたパラメータを用いた予測計算を行うと、精度よく予測することができる。実際、この方式を採用している国土交通省の事務所は全体の約2/3と多い＊。急流河川が多い国土交通省北陸地方整備局では、水位相関法（上流の水位より下流の水位を予測）を採用している所もある。

参考文献
＊末次忠司：河川の減災マニュアル、技報堂出版、2009年

第4章　減災対応の視点

● 高齢者・乳幼児・外国人への対応を考える

日本の総人口 12,691 万人（平成 27 年 4 月現在）に対する割合で見ると、
- 高齢者：65 歳以上　3,384 万人（26.7％）平成 27 年 9 月調査
- 乳幼児：0〜5歳　624万人（4.9％）平成27年4月調査
- 障害者：内訳どおり　788万人（6.2％）平成23年調査
   [内訳] 身体障害者：393.7万人、精神障害者：320.1万人、知的障害者：74.1万人
- 認知症有病者：462万人（3.6％）平成24年調査
- 外国人：在留外国人　217万人（1.7％）平成27年6月調査
- 国内旅行者：日本人（宿泊＋日帰り）約6億人/年
  　　　　　　　　　　　　　　　　　　　＝約164万人/日　平成26年調査
- 入院患者：134万人/日　平成23年調査

などとなっており、総人口に対する要配慮者[注]（高齢者、乳幼児、障害者）の総数の割合は約4割と、約24年前の約2倍に増えていて、特に高齢者の増加が顕著である。高齢者は車での早期避難、ハシゴや雨戸を用いた安全な避難などについて考えておく。高齢者の避難等を迅速に支援するには、支援者名簿が必要であり、市町村長が避難行動要支援者（支援を要する避難困難者）名簿を作成するよう、平成25年に災害対策基本法が改正された。名簿情報は消防、警察、民生委員、社会福祉協議会など、避難支援等の関係者に市町村から提供される。ただし、本人の同意が得られない場合は提供されない。一方、乳幼児の避難では、だっこしたり、おんぶして避難すると、転倒する危険があるので、ベビーバスや浮き輪を使った避難を行う。

　在留外国人は約2％にすぎないが、近年では特に観光目的の訪日外国人が増加し、平成26年は1,341万人（平成27年は1,974万人）に達していることを考えると、災害時の対応を真剣に考えておくべきである。防災標識の英語表記、言語変換できるスマートフォンを用いた避難誘導などが考えられる。また、日本人の国内旅行者も入院患者数以上おり、その土地に不慣れな（土地勘がない）ため、災害対応が難しい場合がある。

　障害者の数をあわせると、高齢者に次いで多い。障害者の被災事例で見

注）高齢者、乳幼児、障害者は防災施策で特に配慮を要する要配慮者と位置付けられている。以前は災害弱者や要援護者と称されていた。

ると、平成10年8月に前線に伴う豪雨（総雨量1,267mm）によって、福島県西郷村では知的障害者施設「太陽の国からまつ荘」が土石流の直撃を受け、死者5名、負傷者1名の災害となった。このような土砂災害の危険性のある災害弱者関連施設は災害後の建設省と林野庁の調査(注)によると、全国に約19,000あると言われているため、対策が急がれた。平成21年7月に山口県防府市の特別養護老人ホームが土砂災害を受けた後に実施された調査では、土砂災害を受ける恐れのある災害時要配慮者関連施設は全国に13,730あり、約10年前に比べると3割弱減少したが、依然として多い。このうち、地域に砂防堰堤等の砂防関連施設が整備されているのは、3割未満であった。なお、特別養護老人ホームが土砂災害警戒区域に多数建設されたのは、高齢化の進展に対応して施設建設を加速させた厚生労働省の「ゴールドプラン」政策によるものである*。

参考文献
＊山村武彦：目からウロコの防災新常識、ぎょうせい、2011年

●危機回避に直結する避難対応について考える

　水害時の危機回避のための初動活動として、水防活動や避難活動は重要である。特に避難活動は氾濫被害を軽減し、人命を守る重要な行動である。しかし、避難にあたっては、高齢者や乳幼児を伴うなどの様々な阻害要因が生じ、また避難すべきかどうかといった心理的な葛藤があるため、決断することが難しいし、家財を浸水から守ることに時間をとられて、避難するタイミングを逸してしまう（いざ避難所へ行こうとした時には、浸水深が高くなっていて行けない）ことも多い*。

参考文献
＊末次忠司：河川減災の阻害要因に対する対応策－ソフト対策の場合－、水利科学、No.344、2015年

　こうした避難することを決断するまでのプロセスを概観すると、図4-5のとおりである。様々なパターンが考えられるが、ここでは代表的なパターンを中心に記述している。

注）www.bousaihaku.com/bousaihaku2/images/weak/pdf/f002.pdf（2016.6.13閲覧）

避難を判断するきっかけとしては市町村からの避難勧告・指示の影響が大きい。一旦避難を決断しても、いろいろ考えて避難を躊躇し、あきらめる場合もある：(A)。避難しない判断を行うのは、
・避難するほどではない（過去の小水害のような誤った経験もある）
・浸水深が高くなり、避難するのは危ない（家にいた方が安全である）
・年寄りや乳幼児がいて、避難が大変である
・避難所が分からない
・家を守るために世帯主が残る

という理由が多い。
　一方、避難しないと決断した後の行動としては、家財や車を浸水から守る移動行動が多い。また、避難しないと判断しても、その後の状況や気持ちの変化などで、再度避難するかどうかの判断を行う場合：(B)もあり、防災心理は非常に複雑である。
　なお、避難を判断する他のきっかけとしては、周辺の家族の避難、自宅周辺の浸水などがある。これらのきっかけは図 4-5 の上へ行くほど身近に感じ、積極的に避難を行おうとする動機である*。

参考文献
＊末次忠司：避難活動の隘路を回避するための必要条件、水利科学、No.283、2005 年

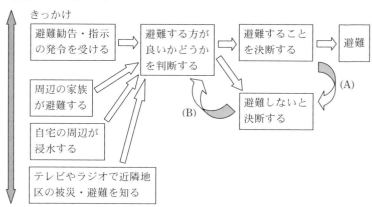

図 4-5　避難を決断するまでのプロセス

ただし、避難するのがいつでもよい訳ではない。浸水深が 50cm 以上になると避難は困難となるし、安全を確保するための避難が、浸水深が 1m 以上では逆に生命に危険が生じる場合もある。したがって、浸水深が 50cm 以上では、家の 2 階以上に避難するか、平屋の場合は近くの親戚・知人宅へ避難するようにする。氾濫水の流速で言えば、50cm/s が安全に避難できるかどうかの閾値となる。一方、大河川が破堤した場合や、浸水深が 50cm 未満で避難可能な場合は、指定避難所へ避難する。
　避難する際には、以下のことに気をつける[注]。

- 高齢者等がいるため、車を使って避難せざるをえない場合があるが、その場合は浸水や渋滞する前の、かなり早期に避難を開始するようにする。
- 安全な避難路を使って避難できる指定避難所を目指すが、その方向に氾濫河川がある場合は、別の避難所を探して避難する（相対的に標高が低い避難路は通らない）。
- 徒歩で避難する場合、複数の人と一緒にロープ・探り棒・スニーカーを使って、水路やマンホールの穴に落ちないように気をつけて避難する。
- 高齢者はおんぶするのではなく、はしごを使って、乳児はベビーバス、幼児は浮き輪を使って避難させる。
- 長期避難が予想される場合は、懐中電灯・携帯ラジオ・携帯電話・食料・水・下着・現金などの非常用持ち出し品をデイパックや手提げ袋などに入れて持っていく。
- ガスの元栓や電気のブレーカーを切ってから避難する。そうしないと、阪神大震災（平成 7 年 1 月）のときのように、災害復旧後に通電火災などが発生する危険がある。

注）末次忠司：これからの都市水害対応ハンドブック、山海堂、2007 年

第5章

災害の前兆現象、河道の弱点箇所の着眼点

● 災害の前兆現象

　災害への対応策を考える場合、自分が遭遇している状況や前兆現象を的確に把握するとともに、状況・現象がその後の災害に結びつく可能性があれば、それに対処する対応策について考える。浸水・氾濫の前兆現象について考える前に、様々な前兆現象が見られる土砂災害について考察してみる（表5-1）。土砂災害には、洪水と土砂が一体となって高速で流下する土石流、急斜面から土砂が崩落する急傾斜地崩壊、水により流動化して斜面がすべる地すべりがある。特に下線を引いた直前の前兆現象に気付くことが重要である。現象に気付いたら直ちに避難しなければならない。

　土石流の「水・水位」で、河道水位が急激に低下するのは、崩壊した土砂により、一旦河道が堰止められると、下流への流量が減少するからである。この崩落土が洪水と一緒に土石流となって流下すると、土石流の先端は波高が高いため、今度は河道水位が急激に上昇する（この時は既に土石流が到達しているので、前兆現象とは言えない）。

　表5-1に示したような水位変化や変状が発生すると、視覚的に災害発生の危険性が分かるが、音・匂いから判断することは容易ではなく、ある程度の経験を要する。また、これまで体験された山鳴りは山全体がうなるような音がすることで、反響してこだまになることもある。また、地鳴りは飛行機の音のように低いゴォーという音であった（地震前に鳴ることもある）。

　表5-1の特徴に示したように、土石流は地震でも発生し、急傾斜地崩壊は一度発生すると、免疫性があるため、その後の発生確率は小さくなる。発生件数・危険箇所数は急傾斜地崩壊が最も多いが、災害1件当りで見ると、土石流による死者数が多い。

表 5-1 土砂災害の前兆現象

区 分	土 石 流	急傾斜地崩壊	地すべり
水・水位	急激な河道水位低下（or 急激な河道水位上昇） 急に川の水が濁り、流木が混ざり始める	斜面から水が湧き出る 湧水が濁る	井戸や沢の水が濁る 斜面から水が噴き出す 湧水が濁る
変 状	－	斜面のひび割れ 斜面がはらみ出し（張り出し）	地面のひび割れ・陥没 樹木が傾く
音・匂い	山鳴り 立木が裂ける音や石が流れてぶつかり合う音 土臭い、物が焼けるにおい	地鳴り	地鳴り・山鳴り 根が切れる音
その他	－	小石がボロボロ落ちてくる 小石がパラパラ落ちてくる	地面の振動
参 考：特徴	・1件当りの死者数は多い ・勾配14度以上の渓流で発生 ＊先端が盛り上がった段波で、流速は最大で20m/s、地震による土砂崩れで発生することもある ＊全国の土石流危険渓流：89,518カ所	・発生件数、危険箇所数は最も多い ・斜面勾配30度以上で危険 ＊崩壊した後は、対策が施されたり、斜面勾配が緩くなり、崩れにくくなる「免疫性」が見られる ＊全国の急傾斜地崩壊危険箇所：113,557カ所	・広域的に被害が発生することが多い ・高速地すべりもある ＊基本的に水により土砂が流動するので、水を抜くボーリング工などが対策工となる ＊全国の地すべり危険箇所：11,288カ所

注） 土石流危険渓流、急傾斜地崩壊危険箇所の数は人家5戸以上の数である。

● 河川災害を引き起こす河道の弱点箇所

　浸水・氾濫の場合、土砂災害と違って、前兆現象というより、災害を引き起こしそうな河道の弱点箇所を探る、または洪水時に生じた弱点箇所を見つけることが重要となる。そこで、越水、侵食、浸透の災害種別ごとに、被害を引き起こしそうな弱点箇所を以下に列挙し、最後に洪水時に生じる可能性のある現象について説明した。すべての災害に共通するが、施設の被災や亀裂などを発見するには定期的な堤防の除草が必要[注]であり、弱点

注） 直轄区間では年2回程度の除草が行われているが、県・市管理区間では除草が十分行われていない（予算が少なくなると、先ず除草費が削られる傾向がある）。

箇所を発見したら、河道カルテ等に写真とあわせて、その状況を記載しておく。この情報は施設更新計画を策定する際の基礎情報にもなる。

越水

　越水は流下能力の低い区間で発生する場合と、堤防高が部分的に低い区間で発生する場合がある。前者は、①堤防高が低いか、河積が狭いという河道の理由と、堰や床止めなどの施設が原因の場合がある。後者は、②整備途上で堤防高が十分確保されていない区間（**写真 5-1**）か、③鉄道・道路との取付部で構造的に低い区間である。取付部の延長が長くならないように鉄道・道路高を低くしたために、交差箇所の堤防高も低くなっていたり、鉄道橋梁の付替（橋桁の嵩上げ）が遅れて、線路部分の堤防高が低くなっているのである（**写真 5-2**）。洪水の越流水深は 40cm 以下が多く、また越流水が堤防を洗掘するせん断力が越流水深に比例することを考えると、10〜20cm のような堤防高変化であっても、破堤に及ぼす影響は大きいと言える。ちなみに、鬼怒川の破堤（平成 27 年 9 月）では、破堤区間の堤防高は上下流と比べて 30cm〜1m 低かった。

☞ 弱点箇所に対する対応策

① 堤防の嵩上げが難しい場合は、洪水流下能力を確保するため、河岸・砂州の掘削などを行う。生態系の環境に配慮する点では、河床は横断的に平坦にせず、平水位以下は掘削しないことが望ましい。堰や床止めが原因の場合、撤去するか、撤去が難しいときは天端高を下げる。

② 上下流と比べて、堤防高の落差を 10cm（少なくとも 20cm）以内[注]とするように河川改修を行う。

③ 河川改修に比べて、鉄道や道路の改修が遅れている場合、各々の管理者へ改修の促進を要望する。緊急的に（大型）土のうで洪水に対処することも考えておく。

注）越流水によるせん断力は、ほぼ越流水深に比例し、越流水深は 40cm 以下が多いので、40cm と仮定すると、堤防高の落差を 10cm 以下にできれば、不陸区間のせん断力は、それ以外の区間の 2 割増し程度に抑えられる。

写真 5-1　手前の堤防に比べて堤防高が低い区間

写真 5-2　橋桁の低い橋梁（荒川）
線路と交差する堤防の高さが低くなっている。

参考文献
＊末次忠司・菊森佳幹・福留康智：実効的な減災対策に関する研究報告書、河川研究室資料、2006 年

侵食

　土堤・護岸の被災と、護岸と土堤の境界の被災がある。①土堤は洪水流・流木により侵食されやすく、数十 m 侵食されると、堤防の被災につながる危険性がある。②護岸は河岸沿いの深掘れに伴って、根固め工や基礎工が流失、または沈下して、のり覆工（おおいこう）が被災するケースが多い（**図** 5-1、**写真 5-3**）。③護岸裏の土砂が洪水流で吸い出されて、護岸裏が陥没したり、護岸が沈下することがある（**写真 5-4**）。また、④護岸と土堤の境界で剛柔が変化する箇所が洪水流により侵食を引き起こすこともある。⑤河岸や堤防に近接した橋脚周囲が洗掘される侵食被害もある。このように、侵食原

因は深掘れのような河床低下、洪水流・流木による侵食のほか、⑥砂州・樹林に伴う偏流による侵食（**写真 5-5**）などがある。

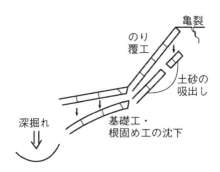

図 5-1　基礎工・根固め工の沈下に伴うのり面の沈下

写真 5-3　堤防護岸のひび割れ

写真 5-4　護岸ブロック裏の陥没
出典）国土交通省北海道開発局旭川河川事務所資料
沈下していた護岸ブロックをめくると、ブロック裏に陥没穴が見つかった。

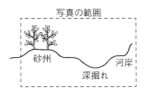

写真 5-5　砂州＋樹林により形成された河岸沿いの流路（釜無川）

参考文献
＊末次忠司・川口広司・古本一司ほか：講座 土構造物のメンテナンス 6.河川堤防における点検と維持管理、土と基礎、54-8、2006 年

☞ **弱点箇所に対する対応策**
① 急流河川で最大 40m、緩流河川でも最大 20m の河岸や高水敷が侵食される可能性があるので、この値以上の高水敷幅が必要である。
② 想定される洗掘深に対して、基礎工天端高を設定したり、根入れを十分行って、護岸が被災しないようにする。
③ 護岸ブロックが沈下している場合、周辺のブロックも含めて、必ずブロック裏の状況を確認する。施設の計画・設計段階では、護岸の裏に吸出し防止シート（厚さ 10～20mm）を入れるようにする。
④ 護岸と土堤の境界に蛇カゴなどを設置して、すりつけ工（緩衝材）とする。
⑤ 橋脚が河岸や堤防に近接しないように計画・設計するが、既設の橋脚の場合は河岸に護岸ブロックを設置し、橋脚周囲に根固めブロックを設置する。
⑥ 交互砂州や規模が大きな砂州は、中小規模の洪水流を偏流させるので、要注意である。砂州による偏流角（河道スケールの砂州では低水路の流向、その他の砂州では横断方向の縁が下流へ向かう方向に対して 17～37 度[注]）を想定して、事前に流下方向の河岸をブロック等で保護しておく。

注）河床勾配などにより異なるし、侵食区間は幅があるが、その中心付近を表している。

浸透

①堤体内の土質構造[注]により、浸透水が堤体内で滞留して、浸透水圧が高まって、浸透被害を引き起こす場合がある。堤体に被害が発生しなくても、②堤内地に噴砂口であるガマができることがある（**写真 5-6**）。また、昭和 48～59 年頃に建設された樋門は長尺支持杭で固定され、③周囲の土堤の沈下に追随しないので、樋門部分が抜け上がり、床版下に空洞が生じたり、周辺に亀裂が生じて、浸透被害を発生させる（**写真 5-7**）。河川水が浸透してもそれほど問題はないが、濁った浸透水が出てくると、浸透水が堤体内を回転して土砂を侵食している危険性があるので、要注意である。

写真 5-6　水防活動で漏水に対処する（利根川）
出典）　国土交通省利根川上流河川事務所ホームページ

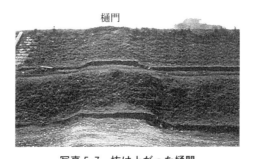

写真 5-7　抜け上がった樋門
周囲の堤防に比べて、樋門付近が 35cm 高くなっている。
出典）　国土交通省水管理・国土保全局治水課：樋門等構造
　　　　物周辺堤防詳細点検要領、2012 年

注）河川水が川表から浸透しやすいが、堤体内に浸透性の悪い土質があり、浸透水が川裏から排水されにくい（堤体内の浸透水の水圧が高くなる）。

第 5 章　災害の前兆現象、河道の弱点箇所の着眼点

☞ **弱点箇所に対する対応策**
① 川表（表のり面被覆工）または川裏（ドレーン工）の浸透対策を実施する。
② 治水地形[注1]などから見て、浸透しやすい区間は川表から堤体へ浸透しにくいよう、表のり面被覆工やブランケット工を敷設する。
③ 連通試験（樋門に沿う水圧の伝わり方を底版などに開けた孔の間で確認する試験）などにより、樋門周辺の空洞調査を行い、必要に応じてグラウトで空洞を補修しておく。

侵食または浸透

複数の要因が影響するケースは少ないが、①堤体や河川構造物の老朽化や亀裂は侵食または浸透被害を引き起こす可能性がある（**写真 5-8**）。堤体では特に、②樋門周辺に空洞ができやすいため、浸透または侵食被害が発生し、③護岸ブロック裏の土砂が洪水流により吸出される[注2]と、陥没が発生し、規模が大きくなると、侵食または浸透被害を発生させる。

写真 5-8　堤防の縦断方向に入った亀裂
出典）　国土交通省東北地方整備局資料

注1）　浸透に関して、落堀・旧川微高地・旧川締切箇所では堤体下に砂礫（場合によってはガラ）があり、基盤漏水が起きやすく、旧河道（跡）では堤体漏水が起きやすい。
注2）　流速の速い洪水流が発生すると、圧力が低下し、ブロックの隙間から土砂が吸出される。洪水によっては、大量に吸出されて、陥没が発生する場合がある（同様の現象は堰や床止め下流でも発生することがある）。

☞ **弱点箇所に対する対応策**
① 施設の著しい老朽化は直ちに補修・補強するが、それ以外の老朽化や亀裂に対しては、施設更新計画をたてて、計画的に補修・補強を行うようにする。特に堤体の横方向の亀裂は基礎工または根固め工が沈下・流失している可能性がある（**写真 5-8**）。
② 前項「浸透」の③と同じ：連通試験などにより、樋門周辺の空洞調査を行い、必要に応じてグラウトで空洞を補修しておく。
③ 護岸ブロックが沈下した場合、その裏が陥没していないかどうか確認し、陥没が発生している場合は土砂で埋めておく。護岸の計画・設計時には護岸裏に吸出し防止シート（厚さ 10〜20mm）の敷設を考えておく。

上記した弱点箇所は、見つけやすいものと、見つけにくい（水中に施設があるため状況がわかりにくい）ものがある。電磁波探査法などの地盤探査技術があるが、現地の状況（鉄筋が存在するなど）により使えないときや探査精度が劣る場合もあるので、注意して利用する必要がある。なお、弱点箇所の見つけやすさを例示すれば以下のとおりで、（　　）は災害種別である。

易
↑
・越水危険性（越水）
・偏流による侵食（侵食）
・特定区間への越流水の集中（越水）
・橋脚周りの洗掘による変状（侵食）
・川裏から水が噴き出す（浸透）
・堤体ののり崩れ（浸透、侵食）
↓
難　・深掘れに伴い、高水敷が崩れる（侵食）

参考文献
＊末次忠司：河川技術ハンドブック、鹿島出版会、2010 年

第6章

減災に効果的なリスク対応力

● 効果的な対応策

　減災への対応策としては、住民の対応策と行政機関の対応策が考えられる。ここでは、先ず住民の対応策、特に各種情報に基づいた避難対策について考える。降雨量や警報等より、避難行動の目安を示せば、以下のとおりとなる。通常示されている避難行動とは異なり、「避難勧告で避難の判断を行い、避難指示が出れば避難を行う」という実際的な目安としている。なお、要配慮者がいる場合は、避難準備情報（準備ではあるが）が出た段階で避難する必要がある。

基準雨量[注1)]	注意報・警報	避難命令	水害状況		[避難行動]
20〜60mm/h	大雨注意報	避難準備情報	地域で内水氾濫	⇒	避難準備
40〜80mm/h	大雨警報 洪水警報	避難勧告	自宅周辺の浸水	⇒	避難判断
80〜120mm/h	記録的短時間 大雨情報	避難指示	大規模氾濫	⇒	避難開始
数十年に一度の 降雨量[注2)]	特別大雨警報	〃	大河川の破堤		

注1)　基準雨量は地域により大きく異なるし、3時間雨量が基準となっている地域もある。地震などがあると基準値が引き下げられる。

注2)　指標としては3時間雨量（全国で70〜230mm）、48時間雨量（200〜1,000mm）、土壌雨量指数があり、何れも確率1/50の値である。以下に示した雨量や指数（土壌水分量）を一定範囲以上で経過すれば、特別大雨警報の発令が検討される。特別警報は東日本大震災（平成23年3月）や台風12号（平成23年9月）の時、警報発表に対して重大視せず、逃げ遅れた人がいたために運用が始まった。

区　分	福岡市	大阪市	東京都千代田区	札幌市
3時間雨量	196mm	139mm	170mm	89mm
48時間雨量	465mm	330mm	410mm	235mm
土壌雨量指数	264mm	222mm	270mm	167mm

　上記した表中の記録的短時間大雨情報の発令基準雨量は地域（65地域）により異なるが、その分布を示せば以下のとおりで、100mm/h が最も多い。基本的に豪雨の多い地域ほど、基準雨量が多い。

　　80mm/h（6地域）　……　北海道・宗谷、新潟・佐渡、福井など
　　90mm/h（9地域）　……　青森、京都、鳥取、香川など
　　100mm/h（30地域）……　東京、愛知、兵庫、愛媛など
　　110mm/h（12地域）……　栃木、静岡、和歌山、福岡など
　　120mm/h（8地域）　……　三重、高知、宮崎、鹿児島など

　参考までに、土砂災害への対応について示すと、以下のとおりである。左より土砂災害の（予想）状況、状況に対して出される警報・情報等、避難命令をそれぞれに対応させて示している。土砂災害警戒情報は大雨警報に相当する情報で、5km メッシュに対して出されている。

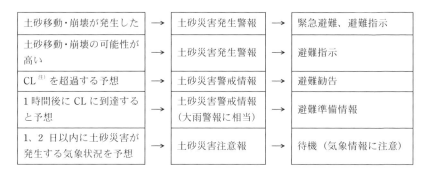

住民の対応策

　住民がとるべき対応策を時系列的にみてみる（図6-1）。減災対応として

　注）CL（Critical Line）とは、土砂災害発生危険基準線のことで、土壌雨量指数と60分間積算雨量に対して、土砂災害の発生実績より求められた基準線である。（避難に要する）2、3時間後に、この線を超えると予測される場合に、土砂災害警戒情報が発表される。

は、事前対応がよく取り上げられるが、豪雨・洪水時にどう対応できるかがポイントであり、緊急対応に役立ちそうな方策を以下に記載した。図中の（　）書きは事前対応を表している。

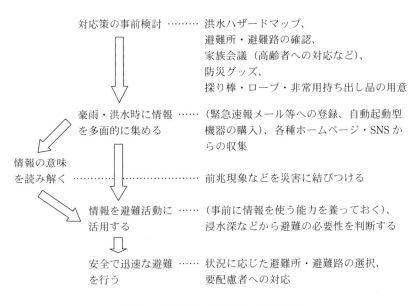

図 6-1　時系列的に見た住民の対応策

事前の対応としては、先ず洪水ハザードマップを見て、地域の水害危険性（土砂災害危険箇所が表示されている場合もある）を認識するとともに、最寄りの避難所を確認しておく。避難所は地震を考えて指定された避難所もあるので、地形的に安全（周囲に比べて標高が高い）か、近くに大河川がないかについても確認しておく。あわせて、地図などを見て、地域の地形が平坦な平野地形か、谷地形か、扇状地かを知っておく。例えば、東京区部でも亀戸や千住などの荒川流域は平坦な平野地形であるが、神田川上流の新宿や中野などは谷地形である。谷地形の凹部では、雨水や氾濫水が集中して、大きな浸水深となる場合がある。地名でも都内の渋谷、四谷、市谷などに谷地形の名残が見られる。

豪雨・洪水時の情報収集にあたっては、防災行政無線や広報車などの行政機関からの情報はもとより、通常のテレビ・ラジオ・インターネットだ

けでなく、Lアラート[注1]情報に対応したメディア（避難情報を画面に割り込ませるなど）から入手したり、緊急地震速報などに対して自動起動する防災ラジオなどを用意しておく。町内会長や周辺住民の口コミ情報も重要情報が含まれるので、耳を傾ける。また、コミュニティFMやミニFMなどは地元の情報を流しているので、有効な情報源となる。

　各種情報を収集することも大事であるが、その情報を使う能力を養っておくことは更に重要である。能力を養うには、その情報が持つ意味を理解し、情報を災害に結びつけられるようにしておく必要がある。そのためには、防災・減災の専門家の講演を聞いたり、被災者の声を参考にすることが望ましい（第3章で示した「うまくいった事例」も活用する）。ボランティア活動時に災害現場をつぶさに見ておくのも大切である。このような能力が身につけば、状況に応じた的確な対応ができるようになる。

　避難せずに自宅にいる場合、早い段階には家の周りで浸水が流入しやすい所には土のうを積むなどして、浸水の流入を防止する。ブロック塀に囲まれた家では、出入口に土のうを数段積んで、前面をブルーシートで覆えば、浸水の流入を少なくできる。浸水が始まった段階では、窓ガラスやドアのすき間にタオルを詰めれば、ある程度の浸水流入を防止できる。浸水深が高くなると、家の外と内の水位差により、大きな水圧が窓や壁に作用し、ガラスが割れる場合がある。そこで、ガラス全面に×状にガムテープを貼って、水圧でガラスが割れないようにする。地震対応などで用いられる飛散防止フィルムを貼ってもよい。また、浸水の水圧によりトイレ・風呂・台所から水が逆流することがある。特にトイレでその危険性が高いので、豪雨・洪水時には排水口にタオルを詰め、汚水が噴き出さないよう、その上にレンガを重しとして置くと良い。

　特に平屋で浸水深が高くなって、家の中にいるのが危険となった場合、屋根上へ避難して、目立つ色のタオル等を振って、ヘリコプター等に救助を求める。また、家が氾濫流に流され、家にいるのが危険となった場合は、水面に浮く物[注2]や水面に浮いている物（壊れた家の壁・木片、流木など）

注1）Lアラートは総務省の災害情報共有システム（公共情報コモンズを名称変更）、Jアラートは人工衛星を用いた消防庁の全国瞬時警報システムである。LアラートのLはLocal（地域）を表し、JアラートのJはJapan（日本全国）を表している。

注2）木の板やタイヤのチューブを使って作った簡易なボート（いかだ）、プールなどで使うボートや浮き輪、大型の発泡スチロールなども活用できる。

につかまって安全な場所へ移動することを考える。水面まで降りるには、ロープを用いるが、ロープがない場合は、カーテンやシーツを結んで脱出用ロープを作る。これをベランダの柵などにつなぐときは二回り二結び、木に結びつけるときはもやい結びとする。

　水害時に役立つ物としては、図 6-1 に示した物以外に、浸水に突入した車から脱出するための車脱出用ハンマー（超剛合金）[注]、高齢者を乗せて避難させるためのハシゴや雨戸、乳児を避難させるためのベビーバスなどがある。また、豪雨や浸水中を避難する時に、方向がわからなくなってしまった場合は、時計・スマートフォン等についた GPS が有効となる。

　被災後の対応としては、被災状況をカメラで撮影しておく。これは仮設住宅への入居や税金の減免（罹災証明書も必要）の証拠写真となる。災害関連の支出は、レシートを残しておくと、税金の控除対象となる。借家が全壊・流失した場合、借家権は法律上消滅するので、借家人は家主に申し入れをして、借家権を取得しておく。建物の一部損壊では、借家の借家権（通常 30 年が多い）は存続するし、借地人は従来通り借地を使用できる。また、建物は外見から見ると大丈夫そうでも、基礎が流失したり、柱が氾濫流で損傷していることがあるし、水に浸かったタンスなどの家具は引き出しをはずして、日陰で乾燥させておかないと、出し入れできなくなることがある。

参考文献
＊末次忠司：これからの都市水害対応ハンドブック、山海堂、2007 年

行政機関の対応策

　行政機関の場合、洪水時や災害時におけるいろいろな状況下での対応が要求されるので、想定が難しい状況も含めて、その際の対応策について、以下に示した。

　通常想定されている状況での対応はそれほど難しくないが、行政機関庁舎の被災や職員の被災といった状況下では、事前に描いたシナリオどおりに物事が進まないことが多い。したがって、そうした状況での対応シナリ

注）自動車の窓ガラスはなかなか割れない。車脱出用ハンマーがない場合は、座席の頭部にとりつけられたヘッドレストの金属部分を勢いよく、ガラスとドアのすき間に差し込むと、ガラスが割れる。

オや対応策についても、出水期前に想定しておくべきである。

　事前対応でできることは数多くあるが、ここでは公益事業の対応策について示しておきたい。電気・ガス・水道などのライフライン施設は被害額としては、全体被害額の数％とそれほど大きくないが、一旦停止すると、産業・生活機能に大きな影響を及ぼす。そこで、電線や水道配管などをループ化しておいて、豪雨・災害時に施設が損傷を受けて、機能停止した時、他地域から融通することができるようにしておくと、被災の影響を最小限にすることができる。特に都市ガスは上水などと違って、部分修復後試験的に供給することができないので、復旧に長い時間を要することに留意する。また、排水のためのポンプが浸水時に機能しないことがある。これはポンプが浸水に対応した設計となっていないからである。

　浸水や被災等で職員の役所への登庁が難しい場合、無理をして登庁しようとすると、途中で浸水や渋滞により身動きがとれなくなることがあるので、自宅近くで減災行動をとる。先ず近隣の地区の浸水・被災状況を調査して、本庁へ伝える。同時に河川管理施設（堤防、護岸など）の調査を行い、災害発生の恐れがないかどうかを調べる。避難所の要員が足りない場合は、その支援を行う。役所までの経路の浸水深が低くなったら、登庁する。

　行政機関間で確実な情報伝達を行う場合、気象・洪水情報などは、ホワイトボードに書くか、パソコンの伝言板に入力するなどして、各部署で情報共有するようにする必要がある。行政機関間を情報がツリー状に伝達される場合^{注)}、情報を受けた時に情報発信者に受領の合図を送るようにする（受信確認ボタン、双方向通信のアンサーバックシステムなど）。これまで、気象台等から重要な情報が伝達されたにもかかわらず、市区町村では災害対応に忙殺されて、その情報が対策に十分生かされなかった事例が見られる。また、対策を系統的に考えられるよう、収集した情報に時間を付して、大きな地図上に記入しておくことも重要である。

　近年増加している集中豪雨時に、人の手を介した通報では対応が間にあわない場合がある。そこで、**行政機関から住民へ迅速に情報伝達する場合**、

注）水防警報の伝達ルートで見れば、国土交通省事務所→県庁→県土木事務所→水防管理団体が多く、このルートで県庁または県土木事務所を経由しないルートを含めると、全体の約2/3を占める。

愛知県岡崎市で行われた「防災情報システム」が参考となる。このシステムでは、水位計や浸水計と連動して自動警報装置（サイレン）が鳴るとともに、この情報がホームページへ公表される仕組みである[注1]。また、神戸市の都賀川では、大雨・洪水注意報や警報が出されると、ラジオ関西が発するラジオ電波中の電波信号で、現地の回転灯が自動的に回り、河川の利用者に直接危険を知らせる仕組みになっている*。

参考文献
＊末次忠司・相馬一義・福井元気：減災対策データベース、山梨大学水工学研究室資料、2015年

　洪水時や災害時には、行政機関に大量の情報が伝えられるし、マスコミ対応もあり、現場が混乱することが予想される。そこで、**情報が多く、対応が難しい場合**は迅速な意思決定が必要な情報とそうでない情報を区別する必要がある。災害時に生命に危険がおよんでいる人とそうでない人を分ける医療のトリアージ[注2]と同様の「情報のトリアージ」を行うのである。具体的には、関係部局の責任者が収集された情報の重要度（緊急度）を適宜判断し、「この情報は本部に上げろ」と指示して、情報を選別していくのである。

参考文献
＊吉井博明・田中淳編：シリーズ災害と社会③ 災害危機管理論入門、弘文堂、2008年

　現地で行うこととして、水防活動を行う際、水防団が水防工法を熟知しておらず、該当箇所にどの工法をどのように適用したらよいかがわからない場合、国土交通省の事務所職員が指導して、適切な水防工法による活動が実施されるようにする。水防活動は迅速かつ的確に実施されれば、有効な初動活動となる。ただし、時として団員に危険な状況になることも考えられ、その場合は団長が勇気を持って団員を退避させることも重要である。また、他の現地での活動として、洪水時はマクロには洪水の越水危険性が

注1) 内閣府：大雨災害における市町村の主な取組事例集、2010年
　　http://www.bousai.go.jp/oukyu/taisaku/hinannoarikata/pdf/shiryou9.pdf#search
　　（2016.4.25 閲覧）
注2) 「選別」を意味するフランス語からきている。

ないか、また偏流による侵食、施設の大きな変状(橋脚の傾き、のり覆工の沈下)などを調査したり、ミクロには堤体・基盤からの漏水、堤体の亀裂、施設の変状(護岸ブロックの沈下、樋門周辺の漏水)などの調査を行う。

　堤防の川裏から水が浸み出してくると、水が出てこないように長靴で塞ぐ人がいるが、これは**してはいけない行為**である。なぜなら、水圧に伴って水が出てくるのであるから、出口を塞ぐと浸透水の勢いにより(水が回転して)堤体内の土砂が削られ、漏水口がもっと大きくなることがあるからである⇒漏水した箇所を足で踏んで塞がないようにする。また、収集または伝達された情報を担当者が自分勝手に、「これは大した情報ではない」と判断して、他の人に知らせないことはよくない。他の情報と組み合わさったり、時間経過に伴って重要な情報となる可能性もある。

　参考までに、当該地域の防災力が十分あるかどうかを診断するチェックリストが内閣府から出されている。このリストは「内閣府 防災情報のページ」のサイトに掲載されていて、水害に関する地域防災力について16の問に回答すると、診断結果が出るものである。問は、
・監視警戒力
・自主避難判断力
・情報伝達力
・避難誘導力
・防災体制整備度
・水害危険認知度
・救助・救援力
・水防活動度

の8項目で構成されている。問への回答に対して、採点され、総合力が判定されるので、各自、各地域で一度診断を試して頂きたい。

● シチュエーションごとの対応策

　住民が遭遇する状況を想定して、その状況下で、どう対応すればよいかについて、以下の5つの状況に対して記述した。前述した「効果的な対応策」とあわせて見て頂くと、減災対策の参考になると思われる。対応策の詳細は「これからの都市水害対応ハンドブック」[*]にも記載されている。

参考文献
＊末次忠司：これからの都市水害対応ハンドブック、山海堂、2007 年

≪地下施設にいる場合≫

全国には多数の地下施設があるが、**表 6-1** には、地下室、地下ビル、地下鉄、地下街を対象とした注意事項、対応策を示した。特に、床面積の狭い地下室や地下ビルでは、浸水が始まったら、直ちに避難しないと生死に影響する場合がある。福岡水害（平成 11 年 6 月）ではビルの地下で仕出し中の女性 1 名がなくなったが、12〜13 分で浸水が天井まで到達したと推定されている[1]。一方、地下街や地下鉄では、階段やエスカレータなどを通じて、浸水が鉛直方向に速い時間で拡散することがあるので、対応に注意する[2]。特に地下街は隣接するビルと多数の通路や階段などで連結しているので、浸水の流入箇所が多い（たとえ、いくつかの出入口で浸水対策が行われていても、対策が行われていない箇所があれば、そこから浸水が流入する）。他の具体的な対応例としては、地下鉄では名古屋市天白区の「天白川ハザードマップ」に市営地下鉄の鶴舞線・桜通線・名城線の予測浸水状況が示されているし、地下街では京都駅前地下街ポルタで、浸水時の避難に用いる安全な出入口が示された地下街の施設マップなどがあり、減災対応に有効である。

参考文献
＊1　末次忠司：地下水害の実態から見た実践的対応策、土木学会 地下空間研究委員会、2000 年
＊2　末次忠司：都市の地下水害と地下施設の減災対策、水利科学、No.347、2016 年

表 6-1　地下施設における注意事項・対応策

地下室、地下ビル	・水位上昇が極めて速いので、短時間のうちに避難しないと生命に危険が生じる ・ドアを開けると大量の浸水が流入してくることがあるので注意する ＊非常用のハシゴは緊急時の避難に有効である	【共通事項】 ・浸水は、階段だけでなく、エスカレータやエレベータなども通じて流下してくる ・階段などが遠くても、流れに逆らわない方向の階段を目指して避難する ・階段を上るときは、
地下鉄	・歩道面の高さにある換気口（浸水防止機が設置されている場合もある）から浸水が流入しやすいので、浸水被害がよく発生する ・線路脇には給電のための高圧電流が流れていて、感電することがあるので、係員の指示がない限	

	り線路には絶対に降りない ・ホームが浸水して線路との境界がわからないときは、線路に落ちないように注意する	手すりにしっかりつかまって、流水に流されないよう慎重に歩いて行く
地下街	・地上への出入口は多数あるので、選べれば浸水流入が少ない（標高が高い）出入口から避難する ・氾濫水とともに電気製品や商品棚が流れてくることがあるので、ぶつからないように通路の端を避難する ・天井からの漏水もあり、商品被害等が生じることがある	＊地上の階段出入口に高さ10cm程度のステップを設けると、浸水流入を5〜10分遅らせることができる

出典) 末次忠司：都市の地下水害と地下施設の減災対策、水利科学 No.347、2016 年に加筆した

≪河川近くにいる場合≫

　河川近くで、高い建物などがない場合、一時的には堤防上に避難する。避難する場合、長時間の洪水で堤防が湿潤している場合は短期的な避難とし、またなるべく洪水位が高くない区間に避難する。川幅が狭かったり、堰・床止めの上流は水位が高いので、避けるようにする。もし、洪水が堤防を越流してきたら、その場所から離れるように逃げる。逃げる方向が選べる場合は、越流区間の下流側に避難する（越水または破堤区間は洪水流に伴う洗掘により上流側に進行することが多い）。河川だけでなく、兵庫県・佐用町水害のように、水路に流されることもあるので、河川・水路付近は特に注意する[注]。名古屋市内で、昭和 58 年 9 月の台風 10 号により、増水した川や側溝に、下校中の 5 人（幼児、小学 3 人、中学）が相次いで流され、犠牲となった。豪雨時には児童・生徒をむやみに帰宅させず、学校待機とし、その後状況を見て、集団下校や保護者への引き渡しの措置をとるのが良い。事前に学校（または児童館）と保護者の間で生徒の引き渡しルールを定めておく。

注）道路が浸水すると、ガードレールがないと、道路と水路との境界が分からなくなるので、水路に転落しないように注意する。

≪深い浸水に車で突入した場合≫

　車のドアを開けられれば、開けて車外へ脱出するが、ドアを開けた時、大量の水が流入してくるので注意する。ドアには浸水による大きな水圧が作用しているので、浸水深が 80cm 以上で開けるのは困難である。ドアを開けられない場合、窓を開けて窓から脱出するが、電気系統の故障で開けられない場合、窓ガラスを割ることを考える。<u>窓ガラスはヘッドレストの金属部分を窓とドアの間に勢いよく入れて割る</u>。特に、局所的に浸水が深くなるアンダーパスの浸水に注意する。さいたま市（平成 17 年 8 月）では 40mm/h を超える豪雨でアンダーパスが湛水し、進入した男性が水死したし、栃木・鹿沼市（平成 20 年 8 月）ではアンダーパス内が 1.95m 浸水し、進入した軽自動車の女性が犠牲となった。

≪キャンプ場にいる場合≫

　河道に砂防堰堤や床止めなどの施設がある場合、土砂移動が活発な場所であることを意味するので、洪水時には土砂や流木が流下してくる「激しい流れ」になることが予想される。ダムからの放流にも注意する。従って、こうした区間の砂州で就寝することは危険である。河道で就寝する場合、<u>水面より高い場所[注]</u>にテントを張るようにする。万一、洪水が発生したら、木の棒の先に鈴をつけて、水流の動きで鈴がなるようにしておくとよい。キャンプという開放的な気分で、浮かれているので、平常心ではなく、対応がおざなりになる。平成 11 年 8 月に酒匂川支川の玄倉川では、ダムからの放流もあり、河原でキャンプしていた人に、県・警察が避難を再三呼び掛けたが応じず、18 人が洪水に流され、13 人が死亡した。NHK のビデオ映像によると、この時の水深は 1.2m、流速は実に 2m/s であった。この水流に流されずに、ある程度まで耐えられたのは、水中に立っていた時の全員の平面形が流線型であったためである。

≪工場近くに住んでいる場合≫

　工場には様々な危険物貯蔵所があるが、浸水に伴って工場から危険物が

注）河川には最近の洪水痕跡が残っている。河岸や堤防斜面に、細かい木や枝が直線的に残っている場合、この高さが最近の最高洪水位を表しているので、これより高い場所にテントを設営するのがよい。

第 6 章　減災に効果的なリスク対応力

流出してくることは、あまり注目されていない。高知豪雨災害（平成 10 年 9 月）では高知市大津のめっき工場が浸水し、毒性の強いシアン化ナトリウム（青酸ソーダ）が大量に流出した。また、貯蔵所のリン化石灰約 3,700kg が河川氾濫の浸水と反応して、発煙・発火し、160 世帯、約 500 人が避難するという事故が発生したこともある。浸水と反応する危険物は 56 種もあり、例えば溶融アルミニウムや三塩化リンなどは水と反応して爆発することがあるし、金属カリウムやマグネシウムなどは発生したガスにより爆発を起こすことがある。したがって、<u>近隣の工場にどのような危険物が貯蔵されているかを調べておき（工場は近隣住民にどのような危険物が貯蔵されているかを公表しておき）、浸水時における対応の仕方を考えておく</u>。表 6-2 には、水と反応する主要な危険物の一覧を示した。

表 6-2　水と反応する主要な危険物一覧表

反応区分	種類	化 学 物 質 名
直接爆発	4 種	溶融アルミニウム、鉄粉、三塩化リン、アルキルアルミニウム
発生ガスによる爆発	8 種	アルミニウム粉、金属カリウム、金属ナトリウム、シアン化水素水溶液、マグネシウム、炭化カルシウム、硫化リン、エチレンクロルヒドリン
発火・ガス発生	5 種	過酸化ナトリウム、ナトリウムアミド、水素化ナトリウム、モノゲルマン、燐化アルミニウム
可燃性ガスの発生	10 種	燐化亜鉛、シラン、ジボラン、シアン化ナトリウム水溶液、シアン化ナトリウム、シアン化水素、シアン化カリウム水溶液、シアン化カリウム、シアン化亜鉛、硫化リン
可燃性物質の生成	2 種	ジクロロシアン、クロルメチル

出典）東京消防庁警防研究会監修・東京連合防火協会：危険物データブック、丸善、1988 年を元に、末次が作成した

● 減災に活用できる新技術

　近年開発された新技術のうち、水害の防災・減災に活用できそうなものを列挙すると以下のとおりである。また、活用可能なセンシング技術については、「センシング情報社会基盤」[*]を参照されたい。

参考文献
＊土木学会編：構造工学シリーズ 24 センシング情報社会基盤、丸善、2015 年

☞ 潜水ドローン

　第 3 章の「ソフト対策（洪水・災害発生時）」の節でも記載したように、潜水ドローンで水中を潜航して写真撮影することが可能であるが、浸水時の水は濁っていることがあるので、撮影できるかどうかは現地の状況による。重さは 3kg 程度で、従来の海洋探索ロボットがかなり小型・軽量化されている。潜航の最高速度が 7.2km/h で、100m の潜水能力がある。連続駆動時間は 3 時間である。ヘッドマウントディスプレイを頭部に装着して、撮影画面をモニターすると、操縦者がまるで水中遊泳している気分となる。リモコン操縦の他、ある程度の自律動作も可能である。なお、ジョンズ・ホプキンス大が開発した別のタイプの水空両用ドローンは普段水中で待機し、必要な時に突如浮上して、飛行を開始する。

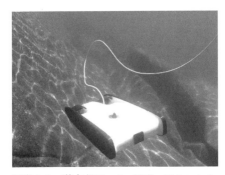

写真 6-1　潜水ドローン（出典：Kickstarter）

☞ 水陸両用バギー

　水陸両用バギーは全長約 3m、全幅約 1.5m の大きさで、陸上を 32km/h、水上を 4km/h の速度で走行できる。6 人（水上では 4 人）乗りの FRP（繊維強化プラスチック）構造で、8 輪の独立タイヤがついている。方向は左右のタイヤの回転数を変えて駆動する形式で、マフラーは水が入りにくいように、ハンドル付近の高さから排気している。**写真 6-2** は緊急消防援助隊・新潟県隊が鬼怒川水害（平成 27 年 9 月）で、水陸両用バギーを用いて救助活動を行っている様子である。鬼怒川の破堤翌日より 3 日間、計 13

隊が派遣され、ゴムボートも含めて、27名を救助した。消防ではないが、水陸両用バギーは紀伊半島水害（平成23年9月）でも活用された。バギーが導入されたのは東日本大震災（平成23年3月）において、浸水中の被災者救出に時間を要したからである。災害等に対応できるように、水上訓練、不整地走行訓練、泥ねい地走行訓練が実施されている。この高い走破性や機動性を有した水陸両用バギーと水難救助資機材などを装備した「津波・大規模風水害対策車両（**写真6-3**）*」は神奈川県、愛知県の消防本部など、全国に19台配備されている。車両は全長約9.3m、全幅約2.5mの大きさで、バギーの他、ボート（FRP、ゴム）、ボートの船外機、落水者リカバリーシステム（後述）、バギーに装着可能な担架、セミドライスーツ（ドライスーツとウェットスーツの中間）などが搭載されている。

参考文献
＊消防庁広域応援室：緊急消防援助隊車両の配備について、消防の動き、2014年

写真6-2　水陸両用バギーによる救助活動（新潟市資料）

写真6-3　新潟市消防局の津波・大規模風水害対策車両
車内左側に船外機、右側にFRPボートや落水者リカバリーシステムがある（右写真）

☞ **救助用ネット**

　水陸両用バギーの助手席にはシートを倒して、担架（おりたたみ式）を装着できる。一方、装着タイプではないが、救助用具に、網上の担架である「落水者リカバリーシステム（120×180cm）」がある。これは1人または2人の少ない操作員で要救助者をボート上に引き上げる時に用いるものである。150kgの重さまで、人を乗せることができる。

☞ **救助活動用伸縮棒**

　新技術というほどではないが、救助活動用伸縮棒は伸縮性のある棒の先端に、引っかけ具がついていて、救助者を引っかけたり、水中で引き寄せたりすることができる。

おわりに

　全国的な水害被害は減少したとはいえ、都市水害のように形を変えて、甚大な被害を引き起こしている場合がある。被害が発生する原因は様々であるが、豪雨や洪水以外に地域の脆弱性が影響している場合もあり、対応のとり方によっては、被害をかなり軽減できている事例が多数みられた。
　多くの事例を整理して分析すると、工夫をして伝えたり・活動したり、継続して活動を行った結果、豪雨・洪水時における実際の場面で役立ったことが多いことがわかった。ただし、そのやり方がいつでも通用する訳ではなく、状況によく対応していたからこそ、効果を発揮した事例もあった。
　今後は、第4章「減災対応の視点」や第5章「災害の前兆現象、河道の弱点箇所の着眼点」で述べたことに留意しつつ、その時点の状況下で、どの対応策が効果的なリスク対応策かを判断しながら、臨機応変に対応していくことが重要であると考えている。

付録Ⅰ　都道府県ごとに見た水害被害状況

　豪雨が起きやすい地域、水害に脆弱な地域があるなど、水害被害には地域性があると言われている。そこで、過去30年間（昭和60年から平成26年）にわたる都道府県ごとの名目水害被害額（平均、最高、最高／平均）、死者・行方不明者数等について、整理・分析してみた結果、以下のことがわかった。なお、水害被害額は名目額であるが、昭和60年から平成26年の間の物価変動は小さく、デフレータで見ると、平成17年の1.0に対して、およそ0.9～1.1（30年間で±1割の変動率）である。なお、過去30年間の死者・行方不明者数（平均ではなく累積数）、平均被災家屋棟数の分布を**付図-1**および**付図-2**に示している。

　過去30年間の都道府県水害被害額の全国平均は約120億円であるので、大きな水害の目安を500億円とする。これを超過する回数は北海道が5回と多く、最高被害額（約1,000億円：平成5年）はそれほど多くないが、平均被害額は多くなった。平均・最高とも多いのは愛知県と兵庫県で、それぞれ500億円を超過した回数は1回、4回である。愛知県は超過した回数は少ないが、東海豪雨が発生した平成12年の被害額が6,562億円と圧倒的に多いため、何れも多くなった。また、「最高被害額／平均被害額」の値が22.4の香川県と、18.7の福井県が平均被害額は少ないが、相対的に最高被害額が多かった。また、最高被害額の発生年より、台風が10個上陸した平成16年が10県あり、全国的に被害が多かったことがわかる。

・平均被害額も最高被害額も多かったのは愛知県と兵庫県
・平均被害額は少ないが、相対的に最高被害額が多かったのは香川県と福井県
・平均被害額は多いが、相対的に最高被害額は少なかったのは北海道

　一方、死者・行方不明者数について見ると、土砂災害が多い鹿児島県、広島県などの西日本の県が多く、特に鹿児島県は30年間のうち、21年間で死者・行方不明者が出ている。これに対して、千葉県・福岡県・愛媛県は死者・行方不明者数と比較して、発生回数が多い傾向がある。被災家屋は内水による床下浸水が多いため、内水の発生が多い都市部を抱える府県（愛知、大阪、埼玉）が多い。

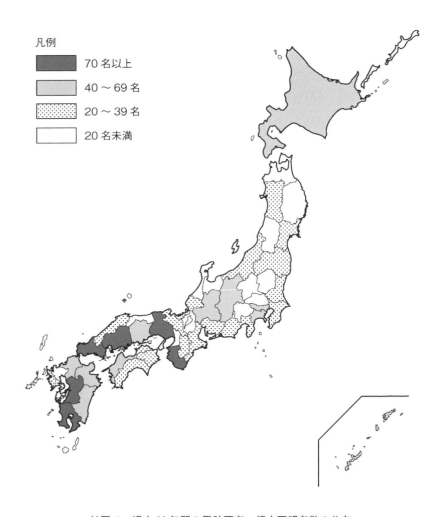

付図-1 過去30年間の累計死者・行方不明者数の分布

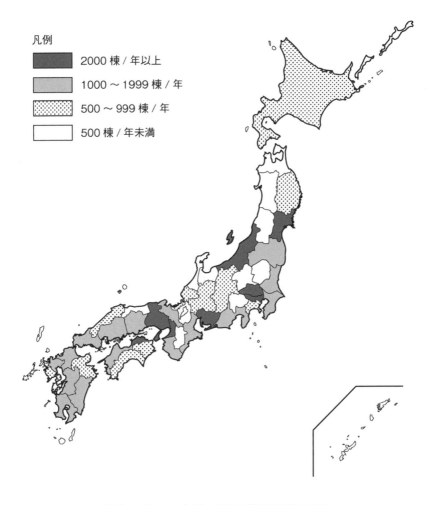

付図-2 過去30年間の平均被災家屋棟数の分布

付録I 都道府県ごとに見た水害被害状況

付表-1 過去30年間の水害被害状況（昭和60年から平成26年）

都道府県	平均水害被害額A（億円）	最高水害被害額B（億円）	B／A	平均死者・行方不明者数（人）	平均被災家屋棟数（棟）
北海道	④275.3	1,015.7（H5）	3.7	1.4	926.3
青森	81.1	334.9（H11）	4.1	0.4	476.1
岩手	136.5	529.8（H11）	3.9	0.6	606.6
宮城	131.5	1,152.6（S61）	8.8	1.1	2549.3
秋田	98.1	347.4（S62）	3.5	0.8	486.9
山形	76.7	183.0（H26）	⑰2.4	⑰0.2	250.1
福島	185.5	1,193.0（S61）	6.4	1.2	1574.7
茨城	86.5	915.8（S61）	10.6	0.8	1097.0
栃木	96.3	949.6（H10）	9.9	0.5	396.1
群馬	54.9	216.1（H10）	3.9	0.4	305.1
埼玉	110.2	575.5（H3）	5.2	⑮0.3	③4084.7
千葉	93.2	390.0（H3）	4.2	0.9	1708.3
東京	147.7	638.4（H1）	4.3	2.1	2328.4
神奈川	40.6	334.9（H16）	8.3	1.4	714.7
新潟	②304.5	③2,450.2（H16）	8.1	1.1	⑤2676.8
富山	76.4	434.1（H7）	5.7	0.3	403.4
石川	44.2	173.6（S60）	3.9	0.4	412.4
福井	103.4	1,936.4（H16）	③18.7	1.1	653.3
山梨	41.4	247.8（H3）	6.0	0.4	⑰138.6
長野	158.4	857.3（H7）	5.4	2.0	535.3
岐阜	125.7	649.0（H16）	5.2	1.4	578.2
静岡	132.0	416.7（H10）	⑯3.2	1.0	1081.3
愛知	③286.2	①6,562.1（H12）	①22.9	0.8	①4752.0
三重	129.3	833.9（H16）	6.5	1.1	1063.7
滋賀	⑰25.8	⑯166.9（H2）	6.5	⑮0.3	256.2
京都	99.9	640.3（H25）	6.4	0.8	1397.5
大阪	96.7	506.2（H9）	5.2	0.3	②4108.1
兵庫	①323.0	②4,250.4（H16）	⑤13.2	⑤2.5	④3358.2
奈良	52.1	262.4（H23）	5.0	1.1	462.3
和歌山	107.3	1,556.8（H23）	④14.5	2.4	1433.4
鳥取	40.7	297.5（S62）	7.3	0.5	⑯191.2
島根	92.9	433.5（H9）	4.7	0.9	647.1
岡山	135.0	1,441.4（H16）	10.7	1.3	1946.1
広島	158.6	855.9（H11）	5.4	②5.5	1882.6
山口	119.6	780.5（H11）	6.5	④3.2	1284.3

徳島	73.9	464.0 (H16)	6.3	0.8	631.1
香川	98.4	2,208.1 (H16)	②22.4	1.0	2240.0
愛媛	84.3	274.3 (H16)	3.3	2.1	1334.3
高知	208.7	④2,290.3 (H10)	11.0	1.1	876.1
福岡	136.1	799.1 (H15)	5.9	2.0	1778.5
佐賀	50.2	522.3 (H2)	10.4	0.6	1584.4
長崎	72.9	401.5 (H5)	5.5	1.1	544.9
熊本	173.9	747.5 (H4)	4.3	③3.9	1506.3
大分	120.6	499.4 (H5)	4.1	1.6	625.2
宮崎	181.4	1,769.6 (H17)	9.8	1.4	1149.6
鹿児島	⑤226.2	⑤2,256.3 (H5)	10.0	①7.3	1771.3
沖縄	㊻28.2	㊼147.0 (S60)	5.2	0.8	323.0

注) 最高水害被害額の（ ）書きは発生年を表している

付録Ⅰ 都道府県ごとに見た水害被害状況

付録Ⅱ　都道府県ごとに見た水害関連の指標

　水害に直接関係する指標として、降雨量や土砂災害危険箇所数のデータは入手しやすいが、そのほかは難しいものがあり、他の指標で代替している。氾濫原への集積度を人口密度で、洪水想定氾濫区域（直轄河川の計画高水位以下の面積）の割合を可住地面積の割合で見ている。両者とも、都市部の多い都県で大きな値となっている。一方、水害の外力となる豪雨は四国・九州で多く、土砂災害危険箇所は西日本に広く広がっていた。なお、最大24h時間雨量データは観測期間が短い県庁所在地では、気象庁DBに掲載されていない場合があり、その場合はデータ期間の長い気象官署のデータを示した〔該当するデータを（　　）書きとした〕。自主防災組織は水害より地震災害が影響していて、阪神大震災（平成7年1月）が起きた兵庫で組織率が高く、次いで東海地震が想定されている愛知、静岡が多い。

付表-2　水害に関連する各種指標

都道府県	人口密度 (人/km²)	可住地面積の割合 (%)	県庁所在地の最大24h雨量 (mm)	土砂災害危険箇所数	自主防災組織の組織率 (%)
北海道	㊼68	28.3	220.0	5,202	50.6
青森	135	33.5	211.5	2,026	㊻45.6
岩手	㊻83	24.2	198.5	4,187	83.8
宮城	320	43.2	381.0	3,305	82.1
秋田	87	27.4	㊻135.5	3,272	77.3
山形	120	30.6	183.0	2,083	84.8
福島	138	30.7	260.5	3,256	88.6
茨城	478	④65.3	287.5	1,747	76.6
栃木	308	46.5	251.0	2,026	88.3
群馬	310	36.2	216.5	3,743	83.3
埼玉	④1,911	③67.8	(310.5)	㊻1,520	87.7
千葉	1,206	②68.5	309.0	1,877	59.5
東京	①6,168	⑤63.6	278.0	2,463	75.8
神奈川	③3,778	60.7	306.5	3,253	79.6
新潟	183	35.8	265.5	5,379	82.5
富山	251	43.6	186.0	1,754	75.7
石川	275	33.2	208.0	2,627	80.5
福井	187	25.6	198.0	3,814	90.3

山梨	187	21.3	294.5	3,169	92.8
長野	154	24.4	㊼125.5	④8,465	92.5
岐阜	191	20.7	346.5	6,003	90.9
静岡	475	35.4	⑤508.0	6,243	③94.4
愛知	⑤1,446	57.6	④534.5	4,540	②95.4
三重	314	35.4	437.0	6,868	87.7
滋賀	351	32.3	(191.5)	2,800	82.6
京都	565	25.5	270.5	4,023	89.6
大阪	②4,639	①69.4	210.0	2,050	88.2
兵庫	659	33.1	270.5	②10,153	①95.6
奈良	369	23.1	161.0	2,531	84.2
和歌山	204	23.2	375.0	6,165	84.3
鳥取	163	26.0	200.5	3,250	80.4
島根	103	㊻19.2	222.5	6,179	66.7
岡山	270	31.3	198.0	5,692	66.7
広島	335	27.0	229.5	①12,097	88.6
山口	229	28.1	297.0	6,805	④93.6
徳島	182	24.7	483.0	3,817	93.2
香川	520	53.4	228.0	2,638	92.5
愛媛	244	29.4	262.5	6,796	91.0
高知	102	㊼16.3	①861.0	6,290	92.5
福岡	1,023	55.7	275.0	6,289	91.8
佐賀	341	54.6	302.5	3,719	81.9
長崎	333	39.8	③552.5	③9,075	54.2
熊本	241	36.9	409.0	5,779	74.9
大分	184	27.5	414.5	⑤7,692	⑤93.5
宮崎	142	23.9	②560.5	4,509	82.3
鹿児島	179	35.6	328.5	6,476	86.8
沖縄	628	51.3	477.0	㊼716	㊼22.8

注) 土砂災害危険箇所数は、土石流危険渓流、急傾斜地崩壊危険箇所、地すべり危険箇所の合計数で、前二者は人家5戸以上の危険箇所数を示している（統計によっては人家4戸以下の渓流数や危険箇所数が含められていることもある）。

付録Ⅲ：減災に関係する事例集リスト

　本文中で記述した減災関係の事例集を以下にリストアップしたので、参考にされたい（文中の掲載順）。多くはインターネット情報であるが、③⑤は冊子である（③はインターネットでも公開している）。なお、消防庁では①以外に、災害伝承情報データベースとして、防災に関する「言い伝え」などもインターネット上に掲載している。

① 　消防庁：現在までに語り継がれる災害、2007 年
　　 http://www.fdma.go.jp/html/life/saigai_densyo/01.pdf
② 　内閣官房：国土強靭化 民間の取組事例集、2015 年
　　 http://www.cas.go.jp/jp/seisaku/kokudo_kyoujinka/minkan_torikumi/
③ 　末次忠司・相馬一義・福井元気：減災対策データベース、山梨大学水工学研究室資料、2015 年
④ 　鳥取県防災局防災危機管理課：自主防災組織活動ヒント集、2006 年
　　 http://www.pref.tottori.lg.jp/secure/84954/hint1.pdf
⑤ 　水害サミット実行委員会：新改訂 防災・減災・復旧 被災地からおくるノウハウ集、毎日新聞社、2014 年
⑥ 　内閣府 防災情報のページ：地域コミュニティの力を活用した風水害対策の活動事例
　　 http://www.bousai.go.jp/fusuigai/sonota/index.html
⑦ 　内閣府：大雨災害における市町村の主な取組事例集、2010 年
　　 http://www.bousai.go.jp/oukyu/taisaku/hinannoarikata/pdf/shiryou9.pdf#search
⑧ 　総務省：防災・減災等に資する ICT サービス事例集、2013 年
　　 http://www.soumu.go.jp/ main_content/000203203.pdf

— MEMO —

著者紹介

末次 忠司（すえつぎ ただし）

山梨大学 大学院 総合研究部 工学域土木環境工学系 教授
博士（工学）、技術士（建設部門）

1980 年	九州大学 工学部 水工土木学科 卒業
1982 年	九州大学 大学院 工学研究科 水工土木学専攻 修了
1982 年	建設省 土木研究所 河川部 総合治水研究室 研究員
1988 年	〃 企画部 企画課 課長補佐
1990 年	〃 企画部 企画課 課長
1992 年	〃 河川部 総合治水研究室 主任研究員
1993～1994 年	米国内務省地質調査所 水資源部 表面水研究室
1996 年	建設省 土木研究所 河川部 都市河川研究室 室長
2000 年	〃 河川部 河川研究室 室長
2006 年	財団法人ダム水源地環境整備センター 研究第一部 部長
2009 年	独立行政法人土木研究所 水環境研究グループ グループ長
2010 年	山梨大学 大学院 医学工学総合研究部 社会システム工学系 教授
2012 年	山梨大学 大学院 医学工学総合研究部附属 国際流域環境研究センター 教授

＊建設省は 2001 年に運輸省、国土庁、北海道開発庁と統合して、国土交通省に改編され、土木研究所も同年に国土技術政策総合研究所と独立行政法人土木研究所に分離された
＊学位論文：
氾濫原管理のための氾濫解析手法の精度向上と応用に関する研究、1998 年（九州大学）
＊表彰：
1983 年 土木学会論文賞
椿東一郎・橋本晴行・末次忠司：土石流における粒子間応力と流動特性、土木学会論文集、317 号、1982 年
1997 年 下水道協会優秀論文
栗城稔・末次忠司：都市低平地における氾濫の精神的影響の評価、下水道協会誌、Vol.33、No.400、1996 年

主要な著書

【単著】
- 図解雑学　河川の科学、ナツメ社、2005 年 10 月
- これからの都市水害対応ハンドブック、山海堂、2007 年 5 月
- 河川の減災マニュアル、技報堂出版、2009 年 6 月
- 河川技術ハンドブック、鹿島出版会、2010 年 9 月
- 水害に役立つ減災術－行政ができること　住民にできること－、技報堂出版、2011 年 11 月
- もっと知りたい川のはなし、鹿島出版会、2014 年 6 月（一般書）
- 実務に役立つ総合河川学入門、鹿島出版会、2015 年 1 月（教科書）
- 水害から治水を考える、技報堂出版、2016 年 8 月

【共著】
- 藤原宣夫編著：都市の環境デザインシリーズ　都市に水辺をつくる、技術書院、1999 年 7 月
- 土木学会：水理公式集［平成 11 年版］、丸善、1999 年 11 月
- 日本自然災害学会監修：防災事典、築地書館、2002 年 8 月
- 大島康行監修、小倉紀雄＋河川生態学術研究会多摩川研究グループ著：水のこころ誰に語らん　多摩川の河川生態、紀伊國屋書店、2003 年 11 月
- ○国土交通省国土技術政策総合研究所監修・水防ハンドブック編集委員会編：実務者のための水防ハンドブック、技報堂出版、2008 年 10 月
- ○末次忠司編著：河川構造物維持管理の実際、鹿島出版会、2009 年 6 月
- G.L.Morris and J.Fan 著、角哲也・岡野眞久監修、Reservoir Sedimentation 研究会監訳：貯水池土砂管理ハンドブック、技報堂出版、2010 年 3 月
- 大森浩二・一柳英隆編著：ダムと環境の科学Ⅱ、京都大学学術出版会、2011 年 10 月
- 土木学会編集：構造工学シリーズ24　センシング情報社会基盤、丸善、2015 年 3 月
- 日本災害情報学会編：災害情報学事典、朝倉書店、2016 年 3 月
- 山梨大学地域防災・マネジメント研究センター発行：山梨と災害　防災・減災のための基礎知識、山梨日日新聞社、2016 年 5 月

注）　○印は著者が中心となって、とりまとめた書籍である

事例からみた水害リスクの減災力

2016年10月20日　第1刷発行

著者＝末次忠司

発行者＝坪内文生

発行所＝鹿島出版会
　　　　104-0028　東京都中央区八重洲2-5-14
　　　　電話 03-6202-5200
　　　　振替 00160-2-180883

カバーデザイン＝石原　亮
DTP＝エムツークリエイト
印刷・製本＝三美印刷

ISBN978-4-306-09445-1 C3052
無断転載を禁じます。
落丁・乱丁本はお取り替えいたします。
ご意見・ご感想は下記までお寄せ下さい。
info@kajima-publishing.co.jp
http://www.kajima-publishing.co.jp